大学生のための

ライフ・デザインのすすめ

【編著】
梶原　豊
伊藤　正昭
木谷　光宏

リンケージ・パブリッシング

は　し　が　き

　学生時代に母校が出場する野球，ラグビーの試合などの応援に，あるいはコンパで友と肩を組みあって歌う校歌，応援歌，ゼミナールでの討議，研究発表，日々の友人達との語らいは，すべての学生諸君が一様に体験する青春時代の一コマです。しかし，この友人達との交流は私たちの日常生活において，そして社会人として職業に就いてから必要となる大事な能力を形成する過程であり原動力になっています。例えば，学生諸君が体験する就職活動の面接試験の場面では，人事採用担当者と対話をすることになります。ごく当たり前のやり取りではあってもベテランの担当者は，学生諸君の能力を一瞬にして評価する眼力を持っています。ここで担当者が評価する能力とは，この人物は「論理的」で「コミュニケーション能力」がある。この人物は物事を秩序立てて表現する「口頭表現力」がある。あるいは円滑な「人間関係を築く能力」があり，「パーソナリティ」が良いといった評価を担当者はしているものです。ここで評価される能力は，短い時間で形成されるものではありません。学生時代の毎日の生活から形成されるものです。

　大学時代における青春の日々は人間形成の絶好の機会であり，実に貴重な時間といえます。一人ぼっちで学食の片隅で昼食をとる。毎朝，自宅，下宿，寮を出て授業を受ける。そしてクラブ・サークル活動に参加することもなく家に帰る生活を繰り返しているようでは友人達との交流のなかで築かれる大事な能力形成の機会を逸してしまいます。

　そこで学生諸君には大学生活を送ることができることに感謝し，今ここで立ち止まって自身の学生生活全体を棚卸していただきたいと思います。そして現在の学生生活のレールを変える必要性を感じた場合にはただちに自身の夢，ビジョンに方向を変える努力をする。社会環境の変化に対応した柔軟な頭脳で思考ができる時期の皆さんの年齢の時であれば，どのようにレールを変えても対応が可能です。さらに将来の夢，ビジョンを描いて，その実現に向けて積極果敢にチャレンジしていただきたいと考えています。

　本書の執筆者は皆さんよりは人生の先輩ですから，さまざまな失敗をし，反

省をして今に至っています。私たちは多くの若者の学生生活や進路選択を見てきました。この体験から皆さんに是非とも伝えておきたいという気持ちから，執筆者はそれぞれの専門領域から皆さんに知っておいていただきたいこと，取組んでおいていただきたいことを執筆いたしました。

　人生100年の時代といわれる現在の社会では，すべての人々がさまざまな形で社会参加をする期間が長くなります。そこで私たちは常に新鮮な能力を維持し続けている必要があります。皆さんには今日から一日一日を有意義に過ごすとともに，"Boys be ambitious"の精神を忘れることなく，日々充実した毎日を送っていただくことを期待しています。

執筆者を代表して
梶原　豊
伊藤正昭
木谷光宏

2017年3月吉日

目　次

はしがき　iii

第1章
社会環境の変化にチャレンジするためのライフ・デザイン

1. 社会環境の変化に対応する生活スタイル……………………… 1
   (1) 変化をし続ける社会への対応　1
   (2) 社会環境の変化と生活　3
2. 社会環境の変化と職業………………………………………… 4
   (1) 変化する労働の場と職業能力　4
   (2) 絶えず発生する能力開発ニーズ　6
3. 社会環境の変化とエンプロイアビリティ ……………………… 7
   (1) 点検を求められるエンプロイアビリティ　7
   (2) 求められる環境変化への適応力　10
4. 社会環境の変化とライフ・デザイン…………………………… 12
   (1) 変化をし続ける社会とキャリア・デザインへの取組み　12
   (2) 生涯現役社会とライフ・デザイン　13

第2章
現代学生の進路選択行動とライフ・デザイン

1. はじめに………………………………………………………… 16
2. 学生の就業意識とライフスタイル……………………………… 17
   (1) 安定志向重視の学生気質　17
   (2) 母親の期待は大手有名企業志向　18
   (3) 偏差値教育とジャマイカ学生　18
   (4) 感性とひたむきな情熱が困難突破のパワー　19
   (5) 就職相談内容の質的変化と個性化志向　19

3. 自己分析の客観化とキャリア・デザインの明確化 ……………… 20
   （1）進路選択とキャリア・デザイン　20
   （2）キャリア形成とキャリア・デザイン　21
   （3）職業適性と性格の関係　22
   （4）有意義なライフ・デザインのススメ　23
4. 豊かな人間関係と骨太なコミュニケーション力の強化 ………… 24
   （1）社会人基礎力とコミュニケーションスキル　24
   （2）コミュニケーションと対人関係　25
   （3）骨太なコミュニケーションが相互理解の架け橋　25
5. おわりに ……………………………………………………………… 26

第3章

人口減少社会の進展と地方創生

1. 減少が続く日本の人口と消滅可能性都市 ………………………… 28
   （1）1億人を割る日本の人口　28
   （2）人口減少で消滅する自治体　29
2. 人口減少社会の基本的な問題と対応 ……………………………… 30
   （1）労働力人口の減少と労働生産性の向上　30
   （2）人口の高齢化がもたらす若者の将来への不安　31
   （3）人口密度の希薄化と食の砂漠化，買い物難民　32
3. 産業の少子化と高齢化に直面する地方 …………………………… 33
   （1）産業の少子化という問題　33
   （2）若返りが求められる産業　35
4. 稼ぐ力の創出，地域産業資源の見直しで地方創生 ……………… 35
   （1）自立が求められる地方　35
   （2）地域産業資源の発掘による地方創生　36
5. 地方創生をになう若者への期待 …………………………………… 38
   （1）地域住民が主役の地方創生　38
   （2）わか者・ばか者・よそ者への期待　38

第4章
グローバル化の進展と地域産業

1. はじめに ……………………………………………………… 41
2. グローバル化と産業空洞化の懸念 …………………………… 42
   (1) 国際分業の進展　42
   (2) 内なる空洞化　43
3. グローバル化に適応する産地 ………………………………… 44
   (1) 産地の解体　44
   (2) 産地の進化　45
4. 経営の自立化を図る中小企業 ………………………………… 46
   (1) ものづくりを支える取引構造の変化　46
   (2) アジアの成長を取り込む　48
5. 企業立地と地域 ………………………………………………… 49
   (1) 企業誘致の光と影　49
   (2) 「企業の論理」と「地域の論理」　50
6. グローバル化と内発的地域振興 ……………………………… 51
   (1) 企業が地域を選ぶ時代　51
   (2) 粘着性の高い資源を活かす　52

第5章
グローバル化の進展と異文化間コミュニケーション

1. 文化を変えるグローバリゼーションの潮流 ………………… 54
   (1) 伝統文化が変わる　54
   (2) グローバリゼーションと社会システム　55
2. グローバル化の進展と形成される多文化共生社会 ………… 56
   (1) 多文化共生社会　56
   (2) 多文化共生社会に近づくための対応　58

3. 多文化共生社会でのコミュニケーション ………………… 59
　　　（1）多文化共生社会とコミュニケーション　59
　　　（2）多文化共生社会の人間関係とコミュニケーション　61
　　4. 多文化共生社会に求められる異文化間コミュニケーション能力 …… 62
　　　（1）すべての人に求められるマインド　62
　　　（2）ここで求められる異文化間コミュニケーション能力　63

第6章

グローバリズムと地域文化の独自性

　　1. はじめに ……………………………………………………… 66
　　2. 経済の三つの統合パターン ………………………………… 66
　　3. 境界創造行為 ………………………………………………… 69
　　4. セクシャルマイノリティと文化 …………………………… 70
　　5. 新宿異性装社会 ……………………………………………… 72
　　6. リージョナルとローカル …………………………………… 75

第7章

就職・結婚・家庭生活とライフスタイル
―就職・結婚・家庭生活を送っている先輩からのメッセージ―

　　1. はじめに ……………………………………………………… 78
　　2. キャリアデザインは十人十色 ……………………………… 79
　　3. 仕事を選ぶ基準は何？ ……………………………………… 80
　　4. 私の職業体験から学んだこと・学んでいること ………… 80
　　　（1）私の職歴は　80
　　　（2）ANA の DNA　81
　　　（3）想像力の大切さ　81
　　　（4）責任感の大切さ　82
　　　（5）育児と再就職するまで　82

(6) ワーク・ライフ・バランスということ　84
　5. 生活を潤すエッセンス ……………………………………………… 84
　　(1) 価値観について　84
　　(2) 仕事で心掛けている優先順位と劣勢順位ということ　86
　　(3) 工夫次第でモチベーションアップ　86
　　(4) コミュニケーションで大事なこと　87
　　(5) マナーは何のためにあるの？　88
　　(6) 残り香が素敵なひと　88
　6. 終わりに ……………………………………………………………… 88

第8章
女性のキャリア形成と就業意識の深層

　1. はじめに ……………………………………………………………… 90
　2. 女性雇用の現状 ……………………………………………………… 91
　　(1) M字型就労パターン　91
　　(2) 保障されていない日本のパートタイム労働　92
　　(3) オランダのワークライフバランス　93
　　(4) スウェーデンのワークライフバランス　94
　3. 女性の就業意識のつぶやき ………………………………………… 94
　4. おわりに ……………………………………………………………… 103

第9章
学生の就職活動とライフ・デザイン

　1. 就職活動をどのようにとらえるか ………………………………… 105
　　(1) 社会的視点から～「新規学卒一括採用」の功罪　105
　　(2) 大学の就職活動支援という視点から　106
　　(3) 大学生の実態～やりたいことがわからない学生　107
　2. 就職活動の実際とその準備 ………………………………………… 108

（1）採用選考で行われること　109
（2）インターンシップの役割の変化　110
（3）準備段階で一番大切な事　111

3．ライフ・デザイン，キャリア・デザインの重要性 ……… 112
（1）就職活動を終えた学生の感想　112
（2）ライフ・デザインの中軸としてのキャリア・デザイン　112

第1章 社会環境の変化にチャレンジするためのライフ・デザイン

情報社会, コミュニケーション能力, 職業能力, エンプロイアビリティ, 生涯現役社会

▶ 1. 社会環境の変化に対応する生活スタイル

(1) 変化をし続ける社会への対応
a. 変化をし続ける社会

　私たち人類は太古の昔から今日に至るまで,さまざまな体験を積み重ねてきました。その体験,知恵は社会発展・革新の原動力となっています。1950年代半ばからの工業化の時代は情報化社会へと転換した時代（脱工業化社会 post industrial society）になったと時代を区分する捉え方があるように,21世紀の今日は急速に進んだ技術革新,IT（information technology：情報技術）の進歩により日々の生活を送るにあたって,さらには社会活動の全ての面において情報の重要性を高めており,交通手段の発達とともに人,物,金,さまざまな情報が国境を越えて地球上に拡がるグローバル社会を形成する主な要因になっています。

　社会がゆるやかに変化を続けていた時代には,私たちの生活環境も大きく変化することなく続けることが出来ました。しかし,21世紀の今日の社会は時々刻々と変化し続ける社会であり,私たちの生活の場もさまざまな影響を受けています。わが国など工業社会を早い段階に体験した国々は成熟した社会を形成しましたが,これらの国々は少子・高齢化問題に直面しており,人口問題が深刻な社会経済上の課題となっています。私たちは変化し続けている社会の背景にグローバリゼーションの進展,技術革新,情報化の進展,少子・高齢化,価値観・意識の多様化といった潮流があることをしっかりと認識し,確認してお

くことが生活をするうえでの大事な姿勢になります（図表1-1参照）。

図表1-1　社会環境の変化と生活・産業・職業能力への影響

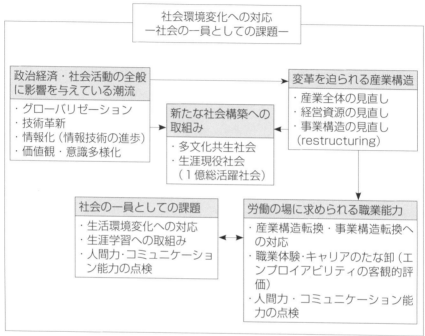

資料出所：筆者作成。2017年2月

b．この変化し続ける社会に対応するためには

　情報社会では時々刻々と情報が生産されています。このあふれる情報を私たち自身が全て収集，分析し，自身にとって必要な情報か否かを取捨選択することは不可能な作業になります。しかし，一見必要がないと思われる情報ではあっても，その情報に接することは現代社会の一員としてのセンスを磨く上では大事な機会になります。ファッションのセンスは時代の先端をゆく人たちが往来する街を歩くことによって磨く機会になるでしょう。

　変化し続ける社会の一員であるためには，常に固定観念を打破する姿勢，積極性，変化に対応する力をつけること，変化対応力を磨くことが求められています。この変化対応力をつけるには，常に積極的に新鮮な情報に接しようとする姿勢，意欲を持ち続けることが第一の要件になります。そしてグローバル社

会の一員として，国籍，民族，宗教，言語，習慣の異なる人たち，あるいは異なる世代，さまざまな意識，価値観の人たちとオープン・マインドに語り合えるコミュニケーション能力を身につけておくことが重要な第二の要件になります。

情報社会はITの発達によって成り立っていますが，私たち人間の生活の場ではFace to Faceのコミュニケーションが大変重要であることを確認しておくことを肝に銘じておきましょう。

(2) 社会環境の変化と生活
a．変化する職業・生活スタイル

私たちの社会には実に多くの職業・仕事があります。これらの職業の中には時代の変化，環境の変化に対応して仕事の内容を変化させて生き残っているものもあれば，すでに世の中に存在しない職業もあります。例えば，私たちのごく身近な生活の場にある畳をみると，以前は商店街にある畳店の店先で職人が手作業で畳を一枚一枚仕上げてゆく光景を目にすることがありました。しかし，いまや畳の製造工程は機械化されており，店先で職人が畳を仕上げる姿を殆ど目にすることがなくなりました。従来人による作業が大半であった農林水産業も種々の環境要因に対応することを求められており，AI（artificial intelligence：人口知能），ドローン（drone：遠隔操作・自動制御により飛行できる無人飛行機）の活用，先進的な二次産業が蓄積したノウ・ハウを活用するなど，作業の過程，経営のあり方を急速に変化させつつあります。

これからのわが国の産業はグローバル化，技術革新への積極的な対応，少子・高齢化等の労働力変化への対応が大きな課題になることは明らかです。そして，多様化する人々の意識・価値観，属性の多様な労働者に適切に対応することが求められていると言えます。

一方において進展する情報社会では，多様な職業の選択，働き方，生活スタイルを選択する人の割合が高くなることが想像されます。この潮流に対応するための社会の仕組みはこれから構築されることになるでしょう。

b．変化し続ける社会での生活力

かつてのわが国は日本国で生まれ，日本語をコミュニケーションの手段としている日本人が主として生活をする場でした。しかし，21世紀の日本社会はどうでしょう。隣人はアメリカ，EU（European Union）諸国の出身者，ある

いはインド，インドネシア，ベトナム，フィリピン，マレイシア，ミャンマー，中国などのアジアの国々の出身者，その他ラテン・アメリカ，アフリカ，ロシアなどのさまざまな国から来日したビジネスマン，研究者，留学生といった光景が珍しいことではなくなってきました。大学，研究機関には多くの国々の出身者が日本人と共に学び，研究する姿が極々普通の光景になっています。私たちの大学のキャンパスも多くの外国からの留学生が日本人の学生と共に学ぶ場になっています。

　地域社会に日本人と共に暮らす外国出身の人たちは日本語を学び，日本の生活習慣を学んで日本人と共に生活をするという姿勢，気持の人が多く，その地域で生活をする日本人はコミュニケーション手段としての日本語，時には英語を使用して外国出身の人たちと交流をしています。ここで生活をする日本人，外国出身の人たちの双方に求められるのは互いに異文化を理解し，それぞれの文化を尊重する姿勢，思いやり，行動です。

　異文化を理解する努力，尊重する姿勢，思いやりは，私たちが異文化社会である外国旅行をする場合にも求められることです。情報社会では世代間の意識・情報のギャップが生じることもあります。このような場合にも相手の立場，状況を理解する姿勢，思いやりは円滑な人間関係を維持するための大事な要件になります。

　グロバリゼーションの進行という大きな潮流の中で，日々変化し続ける社会に生活をする私たちには，グローバル化という観点からの異文化理解力，異文化を尊重する姿勢，思いやりの心が求められ，意識・価値観の多様化する社会という観点からは相手の立場，状況を理解し，思いやる姿勢が求められています。この相手を理解する能力は現在のように変化し続ける社会での重要な生活力になるといえます。

▶ 2．社会環境の変化と職業

（1）変化する労働の場と職業能力
　ａ．変化する労働の場
　　グローバリゼーションが進展し経済活動が拡大するにともなって，さまざまな業種の企業が市場，ニーズのある国，地域にオフィスを設置し，工場を設置

するという戦略を展開しています。

　海外にオフィス，工場を設置すれば，当然のこととして国内の本社，工場から海外法人に勤務をする要員が選抜され，派遣される人事異動が行われます。また海外法人で雇用した人たちが人事異動で日本国内の事業所に勤務するケースもあります。第一次産業から第三次産業にいたるさまざまな業種の事業所は，外国からの研修生，留学生として来日して学業を終えてから就職をした人たちなどが日本人と共に仕事をする場となっており，今日の多くの労働の場が大変グローバル化しているといえます。

　グローバリゼーションという潮流は社会全体に大きな影響を与える要因になっており，私たちの多くの労働の場は日本人と外国出身の人たちとが共に労働に従事する多文化共生の場へと急速に変容しつつあります。

　グローバリゼーションの進展，技術革新は，それぞれの国の産業構造に影響を与える要因となっており，それに対応して個々の企業は事業構造の見直し，改革に取り組むことになります。この事業構造の改革では，事業のあり方を根本的に見直さねばならないケースもあり，例えば，国内事業，国内製造部門を全て海外法人に移管するというケースもあります。これにともなう人事施策として，従業員の配置転換，能力再開発（教育訓練）があり，労働の場が変わるケースは多くの企業に見るケースとなっています。

b．ここに求められる職業能力

　職業能力は，ある職業（仕事）に従事し，その職業を体験することによって習得する能力であり，大学，大学院で学んだ知識，技術を実務で活用する期間（時間）があって身につけた職業上の能力といえます。

　世の中の何れの職業でも，その職業に従事した人が身につけた職業能力は貴重な能力です。この貴重な能力を習得することなく，現代社会で生活をすることは至難なことですが，変化し続ける現代社会にあっては自身が身につけた職業能力を時には立ち止まって客観的に見つめ直してみることが大事です。それは体験して習得した職業能力が時代の変化，産業情造の転換，事業構造の見直しといった状況の変化に対応しているか否かということです。

　現在のように急速に変化し続ける社会の一員としての私たちには，常に柔軟な思考の持ち主であることが期待されています。大学，大学院で○○を学んだから，絶対にこの仕事でなければならない。長年この仕事をしてきたのだから，この仕事以外には関心がないといった固定観念は時には捨て去る必要があるで

しょう。

　変化する環境，現状を見つめ，自分自身の体験を分析し，変化した状況，仕事で習得した能力のなかで"何が活用できるか"を冷静に知るためにも柔軟な思考が求められます。私たちには職業能力のベースに柔軟な思考，環境の変化に柔軟に対応する姿勢があることを認識しておくことが求められています。

(2) 絶えず発生する能力開発ニーズ
a．習得した職業能力

　高校，大学，大学院などで学び，社会のさまざまな分野の仕事に就く。そして，その仕事で体験をした仕事の仕方，技術，技能などが職業能力になります。ゆるやかに変化していた時代の職業能力は，いったん身につけさえすれば職業生活を通じて職業能力として通用した職種が多々ありました。現在のように変化し続ける社会にあっても根幹となる技術，技能，社会活動を送るうえでの基本となる人間関係能力，コミュニケーション能力などは重要な職業能力であることに変わりはありません。しかし，例えば，技術革新によって生産工程が変わる。治工具が変わることなどによって，体験し，習得した職業能力を活用する場面がなくなってしまったというケースが出てきます。またグローバル化に対応して国内事業を海外法人に移管するケースがあり，それにともなって国内事業所内での仕事がなくなるケースもあります。

　職人技といわれる分野の仕事であれば，長年携わった仕事で培った能力，カン・コツといった職業を通じて形成される領域の能力は，恐らく生涯にわたって有力な職業能力として維持し続けることが可能だと思われます。ところが近代的な産業の分野ではグローバル化，技術革新といった潮流が日々の仕事の仕方に影響を与えており，そこで仕事をするすべての人は習得した自身の職業能力が"仕事をするうえで十分に活用できる能力水準"を維持しているか否か，あるいは自身の能力が"時代にマッチした能力構造"か否かを常に点検しなければならないニーズに直面していることを認識しておく必要があります。

b．新たに求められる能力を見つける努力

　企業，自治体などで活用されている管理者候補者選抜プログラム（human assesment program）には個人的なスキル（personal skill）として，対面影響力（impact），表現力（oral communication skill），発表力（oral presentation skill），文章表現力（written communication skill）などがありますが，これら

はすべての人が社会生活を送るにあたって，そしてすべての職業においての基本的で，しかも大変重要な能力になるといえます。

これらの基本的な能力，個人的なスキルは友人との会話，学生時代のゼミナールでの討議，研究発表の過程，社会生活のさまざまな場面など長い期間を経て上達し，鍛えられる能力になるともいえます。変化し続ける社会にあってはしっかりとした個人的なスキルを持ち，柔軟な思考，生活姿勢を堅持しつつ，常に新しい情報に接することが求められます。そして想像力を駆使して自身の習得した職業能力を客観的に点検してみることです。その結果，新たに習得しなければならない能力は何かを見出して啓発努力することが大事なステップになります。

3. 社会環境の変化とエンプロイアビリティ

(1) 点検を求められるエンプロイアビリティ
a. 自身のセールスポイントは

大学，大学院の卒業を控えて，多くの学生諸君は就職活動に精を出しています。これから社会に出てゆく学生諸君は自身の長所・短所，セールス・ポイントは何かを考え，学生時代に学んだことなどを整理して採用試験に臨んでいます。企業などに就職をして何年間かの職務を体験した後に機会が巡ってくる自己申告制度では，自身の担当業務，取組んでいる自己啓発・能力開発，取得した資格，将来希望する業務・部門，セールス・ポイントなどを申し出る機会があるでしょう。これらの機会を有効に活用して自身のキャリアづくりをするために最も大事なことは自身のセールス・ポイントが整理されていることであり，自身を上手に表現することです。

アメリカの労働市場では，一般に求職者は自身の業務体験，業績，能力，性格などを要領よく，簡潔にまとめたレジュメ（resume）を求人先に提出します。このレジュメを見れば求職者のセールス・ポイントがはっきりします。現代社会のように社会環境が変化をし続け，グローバル化が進行し，産業構造が転換する時代の企業は常に事業構造の見直しをしなければならない状況に直面します。事業構造の見直しは，そこに働く人たちに自身の職業能力の見直しを求めることにもなります。環境変化の早い現代社会では常に自身の職業能力を点検

しておくニーズがあり，時には自身のレジュメを整理しておくことを考えておく必要があります。

b．自身のエンプロイアビリティは

　労働市場でニーズのある人材，ヘッド，ハンティングの対象になる人材，何れの企業などにも雇用される機会を見出せる人材が保有する能力がエンプロイアビリティ（employability）です。

　労働市場は求職者の職業能力を厳しく評価していますが，そこでは端的に言えば"あなたは何が出来ますか""あなたはどのような能力を持っていますか"を評価の対象にしています。"何が出来るか"という職業に密接な職業能力には，例えば，技能検定制度，"ビジネス・キャリア制度で評価される職業能力があります。

　第二次大戦後の廃墟の中から経済再建の原動力となったわが国の企業には，日本的経営システムが機能していました。例えば，高校，大学を卒業して企業に入社をすると，新入社員教育研修があり，そして職場に配属されると上司，先輩からのOJTによって仕事上の知識，技術，技能，顧客との対応の仕方などを学ぶ。その後幾つかの職務を体験しつつ中堅社員教育研修，監督者・管理者教育研修などに参加をし，定年退職をするまで勤務をするといった終身雇用と称される長期雇用体制，風土が多くの日本企業に形成されていました。しかし，グローバリゼーション，技術革新の進展，それに対応した戦略展開が人材流動化の要因となり，かつては稀なケースであった人材の期中採用，有力な人材のヘッドハンティング，能力，業績，キャリアを評価しての処遇が広がり，年齢，勤務年数などの属人的要件を評価してきた制度，風土が急速に変化しつつあります。またかつてのわが国には企業を売買（M&A;Merger and Acquisition）するという風土，ケースはありませんでした。ところが現在のわが国の企業のなかには強化しなければならない事業部門の買収，国内外の企業を買収するケース，あるいは経営資源を集中させるためにある事業部門を他社に売却するというケースもあります。しかも戦略展開に必要な人材は広く国内外の労働市場に求めることが格別珍しいことではなくなりました。このような時代の潮流からいまや全ての人が自身のエンプロイアビリティを点検，確認するニーズに直面しているといえます。

■注

(1) 自己申告制度（self appraisal system）
　従業員各人に担当している仕事の内容，適否，配置転換の希望，目標達成度・業績の自己評価，取り組んでいる自己啓発・能力開発などを定期的に申告させる制度。人材の適正配置，有効活用を推進する制度となっています。

(2) 労働市場（labor market）
　求人・求職という形で労働力が取引される（雇用関係が成立）機構を指しており（外部労働市場），企業内部に形成される労働市場は内部労働市場です。

(3) 日本的経営（Japanese style of management ; Japanese-style management）
　日本的経営の特徴は，主として人事労務管理の領域になる雇用管理上の終身雇用（lifetime employment ; lifelong commmitment to employment），処遇上の年功制（seniority based personnel management）と，労働組合が個々の企業内に組織される企業別組合（enterprise-based union ; house union）です。
　以上に加えて日本企業などの経営体の特徴として，稟議制度（業務遂行上の懸案事項などについて担当者が考え，文書化し，それを上位の職位へと回覧して決済を受ける制度）に基づく意思決定システムがあり，福利厚生施策の一貫としての社内リクリエーション，社内旅行などが行われていますが，これらは組織の一体感を高める取組みとしてユニークといえます。

(4) ①職業能力検定制度
　わが国には公的な職業能力評価制度（国家検定制度（厚生労働省））として技術・技能職種を中心に構成される技能検定制度とホワイトカラー職種を対象にしたビジネス・キャリア制度があります。
　②技能検定制度
　技能検定制度は「働くうえで身につける，または必要とされる技能の習得レベルを評価する」制度で，機械加工，園芸，広告美術仕上げ等々の技術・技能に直結した129職種，民間団体が実施するファイナンシャル・プランナー，キャリア・コンサルタント等々の14職種の職業能力検定制度です。能力評価は特級，1級，2級，3級，単一等級に区分されており，職種は社会環境の変化・産業構造の変化等に対応して新たに加わります。
　③ビジネス・キャリア制度
　ビジネス・キャリア制度はホワイトカラーの職種である人事・人材開発・労務管理，経理・財務管理，営業・マーケティング，生産管理，企業法務・総務，ロジスティックス，経営情報システム，経営戦略の8分野にわたって「職務を遂行する上で必要となる知識の習得と実務能力の評価を行うことを目的」にした能力検定制度です。能力評価は1級，2級，3級，BASIC級に区分されており，BASIC級は学生，就職希望者，新人社員などを対象にしており，大学在学中の学生諸君が学習の成果を確かめる機会となる制度になっています。

(5) OJT
　OJT（on the job training）は日常の職場において上司，先輩が部下，後輩を指導する職場内教育訓練を意味しており，仕事を離れて行う教育研修，集合教育（group

training),外部のセミナーなどの企業外での教育研修は OFF・JT(off the job training)です。その他に先輩社員を指導者にしたブラザー制度,シスター制度,エルダー制度等と称される制度導入のケースがあり,業務に関連する指導,キャリア開発などの役割を持ったメンター(Mentor)制度などがあります。

(2) 求められる環境変化への適応力
a. 柔軟な発想・行動力

何時のころからか時代の潮流に対応していない考え方,マーケットのニーズに対応していない家電製品,器具などをガラパコス的な製品だと評価するようになっています。かつてドラッカーは「革新という言葉は未知のものへの体系的,組織的な飛躍を意味している。革新のねらいはわれわれがより大きな力をもって行動できるように,新しい判断力と洞察力を体得することである。その道具として科学をかりなければならない。しかし,その過程には想像力が必要であり,その方法には既存の知識を組み立てるよりも,未知のものを組み立てることが要求される(The Randmarks of Tomorrow, 1959.「変貌する産業社会」ダイヤモンド社,1960 年)と指摘していました。

21 世紀の現代社会では人も組織もガラパコス的な考え,発想で行動していては社会変化のリズムに乗り切れない時代になっています。私たちが生活をする場は,これからも急速に変化し続けることが想定されます。この変化し続ける社会にあっては,かつての成功体験が今後もノウ・ハウとして活用できるとは限りません。私たちにはいまここでの状況をしっかりと見つめ(minute observation),状況を把握する,状況を読みとる姿勢が求められています。この状況を読みとるためには過去の成功体験,考え方などにとらわれることなく状況を読み,分析する姿勢(open mind)が大事になります。そして如何に柔軟に環境の変化に対応するか,行動するか,チャレンジする姿勢(tough mind),行動力が求められることになるでしょう。

b. 感受性とコミュニケーション能力

感受性のある人,感受性の乏しい人といったことが話題になることがあります。あるいは感受性の鋭い人などとコメントするような人物評価がなされることがあります。私たちの生活の場,社会が変動し続ける時代にあっては人間関係の場面において,あるいは自身のエンプロイアビリティを点検する過程においても感受性,感性について考えておくことが大事なステップになります。

多文化共生社会である今日の生活の場では、さまざまな国の出身者、異なる宗教、言語、生活習慣を持った人たちが共に生活をしています。このような社会で生活をする私たちには、それぞれの人たちのバッググランドを尊重し、思いやる心、気持が求められています。したがって、私たちには場の状況を的確に把握する感受性、感性が求められることになります。日本企業の強みとして今後ともに維持したい管理手法として、例えば、QCサークルなどの小集団活動があります。この活動には職場の関係者が話合いをする過程があります。ここでの話し合いが仕事の改善、問題解決の成果に結びつくことになります。話し合いはグループのメンバー一人ひとりが互いに相手を尊重し、各自の意見、考えを述べることがメンバーの重要な姿勢になるともいえます。

　私たちの生活の場、あるいは労働の場は常に同じメンバーの人たちであるとは限りません。メンバーは流動的であり、何時も初対面のメンバーが参加していることも想定されます。私たちにはこの変化し続ける社会の一員としての柔軟な発想、姿勢、多文化共生社会の一員としての感受性、コミュニケーション能力を磨いておくことを心がけておくことが大事な生活姿勢になります。

■注
(1) ガラパゴス的な考え
　　エクアドル領ガラパゴス諸島（Galapagos islands）には各大陸と隔絶され独自の進化を遂げた生物（固有種）が数多く存在しています。このように孤立した生活環境の中で生存している生物と同様に、国内市場のみに照準を合わせた活動をしている企業の製品、システムは、世界市場で圧倒的なシェアを持っている製品、システムに駆逐されてしまう恐れがあります。そのため企業は常に技術革新への対応、国際戦略の展開にあたっては世界の標準化（defacto standard）に対応し、勝ち残るための努力が求められています。ビジネスの場ではガラパゴス諸島の生態系になぞらえた警句として使用されています。
(2) P. F. ドラッカー（Perter Ferdinand Drucker）
　　1909年ウィーンに生まれ、フランクフルト大学に学ぶ。その後アメリカに移住して経営コンサルタントとして活動し、ニューヨーク大学、クレアモント大学などで教鞭をとるとともに、多くの著作、論文を発表しています。それらは経営学の分野のみならず広く社会に、そして産業界に多くの影響を与えています。2005年に95歳で亡くなりました。
(3) 小集団活動（small group activity;workers autonomous small group activity）
　　職場の中に少人数で構成するグループを編成し、編成されたグループは構成員各自が業務に関する目標、計画を自主的・主体的に立て、改善、グループ・メンバーの能力開発等に取り組む活動であり、QCサークル活動（quality control circle;quality circle）、自

主管理活動(workers voluntary group activity), ZD 運動(zero defect activitiy)などがあります。これらは日本企業の組織活性化,人材育成の原動力になる活動として他の国々の企業においても取り入れられているケースがあります。

▶ 4. 社会環境の変化とライフ・デザイン

(1) 変化をし続ける社会とキャリア・デザインへの取組み
a. キャリアを考える

　1970年にわが国は高齢化率が7%を超えて高齢化社会になり,定年年齢の引上げに関する取り組みを始めました。そして長年維持してきた55歳定年制から1998年に60歳定年義務化を施行し,2014年には65歳までの雇用確保措置の義務化を施行しました。アメリカ,ドイツ,フランスなどでは雇用における年齢差別禁止に基づく考え,法律の施行により,引退年齢の引上げが行われています。そしてわが国においては当面「70歳まで働ける企業」を如何にして拡大するかが課題になっています。さらに年齢に関わりなく意欲,能力,健康であるならば労働を通じての社会参加ができる生涯現役社会を如何に構築するかが課題となっています。そこで高齢社会の一員である私たちは人生80年,90年,100年を如何に生きるかを考え,自身のキャリアを将来にわたって多面的に考える必要があります。特に20代,30代の若い世代の人たちは現在の定年年齢の引上げと,労働期間が長期化する時代での生活が予測されます。したがってこの急速に変化し続ける社会においては自分自身のキャリアは自分自身で主体的に考え,自身の考えに基づいてデザインすべきであるという強い信念を確立しておくことが期待されます。

b. キャリア・デザインに取組む

　労働市場で評価される労働者のエンプロイアビリティのベースは何れの職種においても共通であり,それらは広く社会生活を送るにあたっても基本的な能力になるといえます。それはすでに述べた多文化共生社会の一員としての人に対する思いやり,属性の異なる国籍,言語,宗教,生活習慣等に対しての理解,尊重する姿勢をふまえたコミュニケーション能力であり,広い意味での人間力になります。それをふまえての専門的な知識,技術,技能の水準がエンプロイアビリティを評価するポイントになります。そして専門とする分野,仕事で培っ

たキャリアが付加されてエンプリアビリティを形成する能力になることをしっかりと銘記しておかなければなりません。

そこで具体的に自身のキャリア・デザインづくりにどう取り組むかのシナリオを考えておくことです。趣味嗜好，人生の目標は十人十色ですから，キャリア・デザインづくりの方法も多様な形になると思います。しかし，先ずは20代，30代に取り組んでおくべきことは何かということを確認してから具体的なシナリオを考えることが大事です。それはこれから就く仕事，就いている仕事に関係する分野のエキスパートになることを当面の目標にして努力することが第一の目標になるからです。また何れの仕事もさまざまな人との関わりの中で行われているのであり，ここでは重要な人間力，コミュニケーション能力を磨きつつ担当している仕事に関する能力を開発することになります。そして資格の取得，外国語の習得などを考えているならば，自身の生活環境に最もマッチした方法を選択してチャレンジする意欲，姿勢を堅持し，具体的な取組みを自身の生活プログラムに組み込んでおくことが目標達成へのステップになります。

(2) 生涯現役社会とライフ・デザイン
a．人生100年の時代

わが国は人生50年といわれた時代から，経済成長，高齢化の進展とともに人生60年，80年の時代となり，いまや人生100年の時代になっています。いまや私たちの全てが人生100年の時代を如何に有意義に送るかを考える時代になっています。現在の中高年齢者世代が職業の第一線から引退した後に，どの様な進路を考え，進路の選択をしているかをみると実に様々です（図表1-2参照）。定年退職後も仕事を続けたいと希望する人たちの中には，健康である限りは何時までも働き続けたいという希望を抱いている人が多数います。定年退職後は大学，大学院に入学をして自身の職業体験を整理し，理論的に体系化したいと考えている人もいます。あるいは大学，大学院に入学をして新たな分野に進路を見出す人もいます。いま若い世代が考えておくべきことは，現代社会において定年退職後に多様な生活，生き方を選択している中高年齢者世代の進路，バイタリティを参考にして，自身の将来を考えてみる。その想像した将来から現在の自身の性格，長所・短所，現時点で描いている人生目標などを客観的に分析して，自分を知ることです。そして，政治経済・社会状況，産業の動向，技術革新の潮流をじっくりと観察分析することによって，新たに発見す

図表1-2　定年退職後の中高年齢者の進路－ライフ・スタイル－

1.	再就労（1）：現在の住居に居住して再就労する （働き方：正社員、契約社員、嘱託社員、パートタイマー、アルバイト、起業）
2.	再就労（2）：帰郷、地方都市、農山村、漁村への移住 （働き方：正社員、契約社員、嘱託社員、パートタイマー、アルバイト、起業、農業、林業、漁業）
3.	地域社会活動（生活：市町村自治体の委員会活動、自治会活動、その他）
4.	ボランティア活動（生活：主として国内での活動、海外の発展途上国などでの活動）
5.	海外移住（生活：趣味、大学などでの講座の聴講、ボランティア活動、その他）
6.	趣味（生活：若い時から取り組んできた趣味に打ち込む、新たな趣味の開拓、その他）
7.	職業能力開発（生活：大学、大学院の活用、職業訓練校、専門学校の活用、その他）
8.	生涯学習への取り組み （生活：大学、大学院の活用、カルチャーの活用、研究会への参加、その他）
9.	その他

資料出所：梶原豊（2015）「生涯現役時代のキャリア・デザイン－中高年齢者のキャリア開発－」リンケージ・パブリッシング

ること，気づくことがあると思います。ここで発見したこと，気づいたことは人生100年時代の生き方を考えるにあたって，そして生涯学習への取組み，ライフ・デザインに取組む際のヒントになるでしょう。

b．生涯現役時代のライフ・デザイン

　世の中の多くの人は高校，大学を目指した時に受験勉強での計画づくりを体験していることでしょう。また資格試験を受験した人は受験準備のための計画づくりをした経験を持っているでしょう。計画を立て，計画を忠実に実行した人の中には幸いに目的を達成した人がいますが，懸命に努力をしたにもかかわらず目的を達成できなかった人，あるいは計画は立てたものの実行できなかったという人もいるでしょう。人生100年の時代にあってライフ・デザインを考える場合は，先ず自分を知ることに努め（自己分析），現時点で考えている目標，目的を明確にすることです（step(1)）。そして，その目標，目的を達成するために，これから何をするかを考えるのがライフ・デザインの核になると思います。これから取り組む何かを明確にし，計画を立てて実践することが次のステップになります（step(2)）。この段階で最も大事なことは人生100年を健康に送るためには心身の健康管理を計画に組み込むことです。さらに社会人として，あるいは職業人として社会生活を送る段階になった時には，将来の生活を念頭においた経済生活設計をも計画に組み込み，自身のライフ・デザインを描くことが期待されます。

いまこの年齢、この段階で設計したライフ・デザインは企業、その他に就職をした段階、結婚した段階、子どもが成長する段階、自身が管理職に昇進した段階、あるいは起業した段階、定年退職をした段階、定年後に再就職をした段階、能力開発あるいは定年退職後に新たな目標を見出すために大学・大学院に入学をした段階などの状況、条件が変化した際のキャリア・トランジション（career transition：キャリア移行の時点）の際には修正、再設計をする場面があることは当然ですが、ライフ・サイクル（life cycle）の何れの段階においても適切な時間管理を行う努力、自己研鑽、自己管理（self-management）が大事であることを銘記しておきましょう。

■注

(1) 高齢化社会（aging society）
　65歳以上の人口が総人口の7％を超えた社会を高齢化社会といい、14％を超えた社会は高齢社会となります。しかし、わが国の高齢者は健康であり、多くの人たちが70才以上を高齢者と考えており、75才以上になっても健康であるならば働き続けたいと考えています。そこで高齢者の年齢を75才から引き上げようという提言がなされています（日本老年学会・日本老年医学会）。

(2) 定年制（mandatory retirement system；age limit system）
　就業規則などに定められた退職年齢到達時に自動的に雇用関係が解消される制度で、わが国には明治時代初期から導入され、主に大企業に55歳定年制が普及しました。その後1986年60歳定年努力義務化、1998年60歳定年義務化が施行され、2014年に65歳までの雇用確保措恒義務化が施行されました。

■本章を幅広く研究するための参考文献

John Naisbit (1982), Megatrends, (竹村健一訳「メガトレンド」三笠書房、1984年)。
今井賢一（1984）「情報ネットワーク社会」岩波書店。
小島明（1990）「グローバリゼーション」中央公論社。
富山和彦（2014）「なぜローカル経済から日本は甦るか―GとLの経済成長戦略―」PHP研究所。
Emmanuel Todd（2011～2014論述）、(堀茂樹訳「「ドイツ帝国」が世界を破滅させる―日本人への警告―」文芸春秋、2015年) 及び「問題は英国ではない、EUなのだ―21世紀の新・国家論」（2016年）。
梶原豊（2015）「生涯現役時代のキャリア・デザイン―中高年齢者のキャリア開発―」リンケージ・パブリッシング。

第2章 現代学生の進路選択行動とライフ・デザイン

進路選択，ライフ・デザイン，キャリア形成，
職業アイデンティティ，就職意識

▶ 1. はじめに

　今年の就職活動もいよいよ開演のベルが鳴り幕が開きます。「就職活動」というステージでは，自分自身のシナリオに従って主役を演じなければなりません。それを上手に成し遂げるには，周到な準備が必要です。

　学生は3年生後期から就職活動開始期に入り，セミナー参加やインターンシップなど授業への出席は自主休講にし，内定を得るまでキャンパスライフは就職活動一色に染まります。就職の心構えとして，どの企業に入りたいかという「就社」ではなく，どんな仕事をしたいのかという「就職」を考えて企業選びをしないと，せっかく希望の企業に入社してもミスマッチが起こる可能性があります。就職活動を始めるにあたって必要なのは，将来の人生設計，キャリア・デザインが描けるよう自分の生き方の基盤を明確に築いておくことが肝要です。

　就職活動においては，短期間に自己分析，企業・業界分析を行い，志望企業を絞り込み進路を決定しなければなりません。さらに学問探究の学業とは別にエントリーシートの書き方から面接試験の受け方まで積極的に就職活動のテクニックを学ぶことが求められます。職業選択は知的能力，性格特性，学力，価値観，興味・関心などを総合的に判断した自己分析が前提となります。

　一方，企業が求める人材観は量より質の採用方針を打ち出し，採用試験ではウェブエントリーを活用し，社風を反映した企業独自の設問がなされ，作文，小論文，適性検査，集団面接，個人面接などの多様な選考方法によって学生の資質や能力を多面的に評価しようとしています。

就職は学生にとって学校教育16年間にわたる勉学と人格形成の集大成であり，一人の人間が生活の安定と社会活動への参加を通じて生きていくうえで重要な意義を持つものです。進路選択における自己分析と職業選択の考察は，キャリア教育の視点からも重要な研究課題です。
　本章では，現代学生の就職観，キャリア意識，ライフスタイル等を検討しながら，学生の進路選択行動の視点からライフ・デザインの諸相を考察します。

2．学生の就業意識とライフスタイル

（1）安定志向重視の学生気質
　学生の就業意識は，安定志向が根強い。就職活動において多くの学生は大手有名企業への就職を目指す傾向があります。名の通った大手企業であれば，給与や労働条件も悪くないし，一度就職すれば定年まで安泰の境遇が得られ，将来的にも不安がなく世間体も良いといったイメージがあります。このような大学生の安定志向の心理的背景にあるものは，先行き不透明な時代感覚，厳しい雇用情勢などが影響しているために，安心して勤続できる就労環境で働きたいとする安定志向の考えと言えます。しかし，就職後に自分を活かす目標を見つけ，その上での成長も考えられます。就職してから企業のなかで仕事の経験を積んでいくうちに目標を見つけ，エリートビジネスマンに育っていくタイプもいるのです。また，少子高齢化社会の家族構成では親の子離れが困難な状態になっています。親はあえて子供が苦労するような企業に就職することを望まないし，子供も苦難に立ち向かう勇気や挑戦意欲が希薄です。こうした状況も就職観の安定志向という風潮をもたらす要因となっています。
　現代学生の就労観の特徴として，倒産のない安定した企業，仕事が楽で楽しい企業，金銭的報酬が高い企業という「安・楽・金」な学生気質が見受けられます。学生にどのような企業に入りたいかを尋ねると，仕事が楽で給料の高い会社という答えが帰ってきます。まさに「損得勘定」で意思決定を行っている様子が垣間見られます。こうした光景は履修科目を選択する際にも同様なスタイルです。学生たちは，それほど努力をしなくても比較的容易に単位修得が出来る科目を楽勝科目とよんでいるが，その楽勝科目を選択するタイプの学生が目につく。人生には楽勝などないのに自分自身に能力があるにもかかわらず，

楽をして目標達成しようとする態度は如何なものであろうか。

(2) 母親の期待は大手有名企業志向

　今どきの学生は本当に親孝行です。少子高齢化が進展して親の子供に対する期待は高まるばかりです。子供は親と一緒に偏差値を基準に高校，大学を選んできました。就職でも自分の希望職種より就職先の会社の相対的な評価を気にする傾向があります。特に，学生が就職について最もよく相談している相手は父親でなく母親なのです。このような実態は，受験の光景とも重なって映ります。自分の将来を直視せず，親の顔を見る学生たち。学生本人より親へのアピールを強める企業。大企業志向の背景にはそんな構図が見え隠れしています。

　大手有名企業志向は親の影響が非常に大きいのです。親は「自由に職業選択しなさい」と言いながらも，「大企業じゃないとダメ」とよく言っています。多くの親が将来性や安定性に不安を感じているのです。中堅の企業に決まっても親が将来に不安を思って「留年しても構わないから来年もう一度挑戦したら」と子供に言うのです。いわゆる希望留年です。親は一年間余分に学費を支払っても子供を大企業に行かせたいのです。実際に，いったん卒業して第二新卒で就職するよりも留年したほうが有利なので，このような学生は増えているのが実情です。学生にもリスクを背負ってまで中小企業やベンチャーで挑戦して自分の力を試したいという気持ちは薄く，損得に敏感でソツなく物事を推し進めるのが最近の若者気質と言えます。

(3) 偏差値教育とジャマイカ学生

　学生は，中学，高校，大学と入学試験では偏差値によって評価されてきました。彼らは入りたいと思う学校にチャレンジして入学したのではなく，偏差値に従って入れる学校，入れない学校と線引きをして，「〇〇大学でも，じゃ，まあ，いいか」とあまり高い理想を求めずに合格確実圏内の学校へとトコロテンのように送り込まれた「ジャマイカ学生」です。それは職業選択行動の際も同様です。自分の希望を押し通すことなく，周囲の現実を直視しながら相対的に自己評価して分相応に身の丈サイズの進路を決める行動傾向がみられます。このように今どきの学生の行動特性として，ミスを犯さず，果敢な挑戦や冒険を好まないという挑戦意欲の希薄な一面もみられます。

　最近，学生の就職活動は業界を絞らず，業界トップと言われる企業から業界

横断的に入社試験を受ける傾向がみられます。価値基準は業界という縦軸から規模という横軸にシフトしています。しかし、なぜ大手有名企業にこだわるのであろうか。少子高齢化が進展するなかで、親の子供に対する期待は強まるばかりです。子供は親とともに偏差値を基準に高校、大学を選んできました。就職でも自分の希望する職種よりも、就職先の会社の相対的な評価を気にする傾向があります。学生には同じ会社で長く働くにも、転職するにしても結局、最初に大手企業に入っておくのが、その後のキャリア形成に有利であるという読みがみられます。大手企業に入社すれば、安定した収入、安定した生活が得られるというメリットもあるようです。

(4) 感性とひたむきな情熱が困難突破のパワー

　大手有名企業に入社することは世間体にはいいようでも、入社してみると良い面ばかりでないかもしれません。自由に腕をふるえる出番ということになると少し難しいようです。社会変化の顕著な時代において、企業には栄枯盛衰があり、大手企業とて必ずしも安泰ではありません。現在、人気の的である企業も10年後、20年後の将来には没落して消え去っているのかもしれない。大手企業が突然、行き詰まったり合併したりと必ずしも安定しているわけではないのだが、ベンチャーや中小企業に比べれば相対的に大企業は安定しているイメージを持たれやすい。それゆえに大企業で自分の能力を発揮しようと考えたくなるのも当然のことかもしれない。

　その一方で、自分の能力や個性を大手企業のなかに埋没させることを嫌い、大手以外で個性や能力を存分に発揮させたいという考え方もみられます。会社選びに関しては、「自分の人生をどのように生きたいのか」、「それにはどのような職業を選択し、キャリア形成をすればよいのか」といった生涯人生設計の視点から、自分の感性で時代の動きを鋭敏に把握しながら、もっと幅広い視野から多様な形で真剣に職業選択する心構えが求められているのです。学生の皆さん、キャンパスライフにおいて常に問題意識を持って、若さとひたむきな情熱を失わないでほしい。そういう若さとひたむきな情熱が困難な壁を突破するパワーになるのです。

(5) 就職相談内容の質的変化と個性化志向

　学生における就職は、「初職」の決定であり、将来、転職するしないにかか

わらず初職での経験の上にさらに次の職業経歴が重ねられジョブホップのキャリアが形成されていきます。その意味でも，初職の重要性が強く認識されるのです。また，学生の就職は，自らの職業キャリアをも規定しかねない重要な活動であると言えます。就職相談で研究室を訪れる学生の相談内容の質が以前の学生とかなり違ってきているのです。以前は就職を阻む何か障害があるために，自分が進みたい道に進めないでいるので，その障害を取り除くにはどうしたらいいだろうかという相談内容のものが主であった。しかし今は，ダイレクトに自分はどのような仕事に向いているでしょうか。自分の性格に適した仕事は何でしょうかという相談内容です。研究室に相談に訪れる学生たちは表情も明るく切迫感もあまり感じられず，悩み事がないようにみえるのですが，内面は非常に複雑な悩みで心が充満している様子が見受けられます。

学生のライフスタイルの特徴が，少し身勝手でわがままを言って「自分なりの生活」を強く求める傾向があります。つまり「個性化志向」とよばれるものです。しかし，何が自分にとって本当に個性的なのかはよく分からず，自信やセンスに乏しく，その本質を把握したものとはなっていないようです。たとえば有名ブランドのバッグが個性的だとなると，それにワッと飛びついてしまう。個性化とは自分自身の問題であるのに，外部から与えられた個性的と言われるものに飛びつくというのが「個性化」の実態のようです。

▶ 3. 自己分析の客観化とキャリア・デザインの明確化

(1) 進路選択とキャリア・デザイン

就職で進路を決める作業は，自己分析から始めるのが一般的です。自分がどのような仕事に適しているかは能力・興味・性格の三大要素から考えることが必要です。興味があっても能力や性格が向いていなければそれは現実的ではありません。好きな仕事についても人間関係で挫折することもあります。そのことに気付かせる教育指導も必要になるかもしれません。仕事のおもしろさは仕事をしていくプロセスで発見するものです。与えられた仕事を自分の力でおもしろいものにしていくという考え方も教える必要があります。それには父親がもっと自分の仕事について語るべきです。会社の現状，仕事観，就労観など何でもいいのです。どんな仕事を選べばいいのか判然としなくても日頃感じてい

ることを素直に語りかけてあげればいいのです。その会話のやりとりのなかで子供は何か感じるはずです。

　新しい進路を決める場合,「自分はこれまで何をやってきたのか」「これから何をやっていきたいのか」という冷静な自己分析を行って,自分をよく知っておくことが肝要です。さらに「自分にとって仕事とは何か」「働くことの本質は何か」ということも確認しておきたい価値観です。一体,何のために仕事をするのかということは将来の人生設計を方向づけるうえで,明確にしておかなければならない指針です。たとえば,仕事はあくまでも収入を得ることが目的なのか,それ以外にも人間関係を形成したり,自己の能力を向上させるなど,仕事の目的はさまざまな角度から考えられます。これらを精査し丁寧に確認する作業によって未来への道筋と方向性が浮かび上がってくるのです。特に,将来のキャリア・デザインが描けるように自分の生き方の基盤を築いておくことが肝要です。

　自分のキャリア・デザインを具体的に設定するためには,これまでの行動スタイルの側面から自分の欲求,価値観,人生観などを明確にする必要があります。自己の未来像は,自分でなければそのシナリオを描くことができないのです。現在の生活を充実させ,未来を発展的に生きたいと望むのであれば,過去から現在までの自分を振り返り,自分の現在の立ち位置を確認することから始めるべきだと言われます。毎日を前向きに生き生きと過ごしている人をみると,何かその人なりの人生の設計図や人生目標を明確に持っているものです。毎日の生活を人生目標に集中させて生きていることが活力の源泉であると考えられます。

(2) キャリア形成とキャリア・デザイン

　就職はキャリア形成の入り口という大きな節目であり,学生に「自分探し」と「職業選び」を考えさせてくれます。就職活動において学生が職業選択する場合,「したいこと」「できること」「すべきこと」を探索し,どのように統合するかが重要です。キャリア論研究のエドガー・シャイン(E. H. Schein)は,「自分は何が得意か」(能力),「自分はいったい何をやりたいのか」(動機),「どのようなことをやっている自分なら,意味を感じ,社会に役立っていると実感できるのか」(意義)を内省することがキャリア形成を考える基盤であると述べています。(金井壽宏『仕事で一皮むける』光文堂新書　2002年57-58頁参照)

大久保幸夫氏は，著書『キャリアデザイン入門（Ⅰ）基礎力編』（日本経済新聞社，2006年）のなかで，「キャリアを考えることによって答えのない迷路に入り込んでしまい，むしろ道に迷う人を増やしてしまっている」と指摘しています。キャリアの意味は馬車がたどった道程に残る轍（CAREER）が語源と言われ，キャリアを説明する概念として，キャリアとは「職務経歴という客観的側面と，仕事に対する自己イメージという主観的側面であり，この二つを形成するために内省と行動を繰り返すことがキャリア・デザインである」。そしてキャリアの成功とは，「自己イメージ（アイデンティティ）と照らし合わせた基準で仕事にフィット感・納得感がある状態であり，仕事を通じて自分が活かされていると実感でき，幸福感を味わえる状態である」と述べています。

（3）職業適性と性格の関係

　人の職業には「適性」とよばれるものがあります。ある人の能力や性格から見て，その職業で成功の可能性が高ければ，その人は「その職業に適性が高い」と言います。仕事と性格が合致していない人を「あの人は畑違いだ」と言います。もし適性を考えずに職業の選択を誤ると，仕事に興味が湧かず，能力をフルに生かせず，仕事に自信を失い，職場不適応を起こすことになります。

　昔から性にあった仕事とは，身体にあった洋服を着るようなものであり，色やデザインはそれぞれ好みが異なり各人各様です。好みのあわない服を着ると着心地が悪く，落ち着かず，人の前に出るのも気が引けて，行動力まで鈍ってしまうものです。Aという性格の人がBという職業に向くと結論づけることはリスクが大きく危険であると言われています。

　しかし，人間にはそれぞれその人に向いた仕事というものがあります。銀行員には銀行員らしい性格が，公務員には公務員らしい人柄があるようです。一定の職業に適した性格についても，外向的性格と営業・販売職，内向的性格とデスクワーク的事務職といった特徴がみられます。また，営業・販売向きの性格は弁舌が立ち，押しが強く，活動的であると言われています。しかし，セールスマンで内向的性格の者が優秀な販売実績をあげているというケースもみられます。

　職業と性格の関係は自分にあった職業を選ぶのか，あるいは選んだ職業によって性格が形成されていくのかは十分に解明されていません。同じ職場でもその地位によって必要とされる性格が異なります。企業の社長人事のトップ交

代劇で，今まで良き女房役であった人を新任の社長に推挙して失敗した例も少なくないようです。これは，人に仕えることは性格的に合っていても，決断力や視野の広い考え方，人をリードするようなことは苦手な性格を無視した結果であり，性格特性を無視することの危険性を示す例と言えます。

企業の社長はじめ役員クラスのトップマネジメントは行動的で決断力があり，革新的で自信を持って職務を遂行するような性格が求められています。一方，ミドルマネジメントは堅実にして緻密で，しかも知性に富み控え目に行動するタイプが好ましいとされています。

ある職業に就いているということは，その職業に対してアイデンティティを形成すると言われます。特に学生の職業選択は，職業を通して自己の存在価値を確認していく「職業アイデンティティ」を構築するプロセスでもあります。一つの新しい進路を決める場合，「自分はどんな人間か」，「自分はどのような職業に向いているか」という自分の適性について考える機会を持ちながら，産業構造の変化の中で時代を先取りできる冷静な判断力と，前向きの姿勢で挑戦しようとする主体的な向上意欲を持つことが肝要です。就職を考える際に，志を高く持ち自己を厳しく見つめ，新しい人生の出発点である就職を，自己の生涯設計のなかで真剣に考えてみる必要があるのです。

(4) 有意義なライフ・デザインのススメ

私たちは暮らしのなかで豊かさをあまり実感できないで過ごしています。物質的に豊かさを享受するようになり，ゆとりある生活を心がけながらそのように生きられないのは何故なのであろうか。人との出会いを大切にしながら快適で個性的な生活をエンジョイするためにも，人生の過ごし方の原点を重層的に見つめ直し，自らの生き方を模索してみることが重要であろう。

人との出会いを大切にしながら快適で個性的な生活をエンジョイするためにも，人生の原点を重層的に見つめ直し，自らの生き方を模索してみることが重要なことです。こころ豊かに生き生きと暮らし，ときめきに満ちた一人ひとりの人生を大事にしてほしい。そのアプローチとして，多くの書物を読み，旅をし，そして良い友達をつくること，このような要因が豊かな人間形成と充実した人生を光り輝かせる基盤になるのです。時には自然との触れあいを大事にしながら，自然の懐に抱かれて身も心もゆったりと浸るような自分らしい居心地の良い暇のつぶし方の芽を育ててほしい。時間が何をしていても過ぎていくの

なら，有意義なことにそれを活用したいと思うのは誰しも同じであろうが，時間の過ごし方によって人間が人間らしくなっていくように感じられるのです。

　主体的で知的好奇心に満ちた有意義なキャンパスライフを送るためにも，大学で何を学び，何を得たかを明確に言える学生になってほしいものです。活力を失わず，潤いのある学生生活にするためにも，実り豊かなライフスタイルの座標軸を確立するようなキャンパスライフデザインの構築が肝要です。

　学生の皆さん，順風の時も逆風が吹くなかでも，目標達成へのひたむきな情熱と「前へ」のチャレンジマインドを合言葉に，粘り強くあきらめることなく自分の可能性を信じて，雄々しく飛翔されることを期待しています。これからの長い人生，自分の選択や意思決定がこれでよかったのかと思い悩むこともあるかもしれませんが，「人生には三度，花が咲く」という言葉を胸に，大学で学んだ貴重な経験を活かして自分にとって納得のいく人生設計を持ち，その目標を実現されて美しい花を咲かせ大きな実がなることを願っています

▶ 4．豊かな人間関係と骨太なコミュニケーション力の強化

（1）社会人基礎力とコミュニケーションスキル

　若者の職業選択をめぐる問題に対し，行政も重要な課題として取り組みを行ってきています。経済産業省は「組織や地域社会のなかで多様な人々とともに仕事を行っていくうえで必要な基礎的な能力」として『社会人基礎力』を発表しています。社会人基礎力には，1．物事や他人に対し積極的に働きかける「前に踏み出す力」（アクション），2．現状や問題を明らかにし，目的の達成や課題解決に向けて準備する「考え抜く力」（シンキング），3．相手の意見を聴き自分の意見をわかりやすく伝え，自分と周囲との関係性を理解する「チームワークで働く力」（チームワーク）の3つの能力から構成されています。

　就職活動においては，人とのコミュニケーションを通じて自らの魅力や能力を上手く表現するパフォーマンスが求められます。また広い視野から発信できる力，問題の本質を見抜く洞察力と分析力が要求されます。それは就職活動を終えて入社後，社会に出てからもより一層重要になります。自分の気持ちをどのように人に伝えるか，人の考えをどのように受け入れるのかというコミュニケーションの重要性と基本的な概念を理解し，コミュニケーションスキルの実

践を身につけることが重要です。コミュニケーション力は磨かなければ向上しません。現在，大学において，これらの能力のスキルアップを図るような取り組みが行われているとは言い難く，学生の就職活動における支援では考慮すべき課題であろう。

(2) コミュニケーションと対人関係

コミュニケーションの基本は，自己のアイデンティティや存在価値を相手に明示し，自分の意見や考え方を明確に伝えることです。コミュニケーションには単にメッセージを伝達するだけでなく，伝達された情報を的確に受けとめ，お互いに理解するという双方向のコミュニケーションが重要です。

良好な対人関係を築くうえでコミュニケーションはとても重要な問題です。対人的コミュニケーションには，言葉による伝達の言語的コミュニケーションと言葉以外の顔の表情，視線，身振り，声の調子などの非言語的コミュニケーションに分けることができます。コミュニケーションは，自分から相手にメッセージを伝達するだけでは十分でなく，自分が相手からの伝達を受け止めるという双方向のコミュニケーションを行うことが重要です。つまり，相手がコミュニケーションを促進しやすい雰囲気つくりや傾聴力が大切です。

コミュニケーション力は自分の意思を的確に相手に伝えることができ，自分の考えを的確に表現し相手を説得できる能力です。換言すると，自分の意見や考えを相手に理解してもらうための対話力があってこそ，コミュニケーション力が備わっていることになります。円滑なコミュニケーション力があることは，問題解決，意思決定，リーダーシップの発揮などの基礎能力として重要なポイントです。企業は採用の際に，大学の学業成績をあまり重視しないといわれることもあるが，対人関係が豊かで，熱心に勉学に取り組んだ学生が本命企業から内定を得ているといわれています。

(3) 骨太なコミュニケーションが相互理解の架け橋

就職活動を成功させるポイントは，自分を知ることであり，相手を知ることです。自分を知ること（自己認知）と相手を知ること（他者認知）により，相互理解の基礎が築かれ，モノの見方や考え方，他者理解の促進，自己評価などに気づくことができます。一般に，人は自分の考えが相手によく通じたときに安堵感を持ち，相手の気持ちをよく理解できると相手からより親密な信頼関係

を持たれると言われています。太いパイプの骨太なコミュニケーションとは，お互いの気持ちや感情まで含めて，お互いにきちんと関わりあうことの大切さなのです。

　対人関係を円滑にするためには相手を知るとともに，自分をよく知る必要があります。自分が相手にとってどのような存在なのかを認識して人に接したり，相手のことをよく理解して人づきあいしていくことが重要です。目標達成の度合いや仕事の成果は，人間関係に影響されることが大きいものです。その意味でも仕事と人間関係はクルマの両輪と言うべきものであり，良好な人間関係を築くことが重要です。

　人間は一生の間に多くの人とめぐり会い，お互いに影響を与えあう存在です。その意味でも，人間は個人的存在であると同時に社会的存在です。個性に溢れた人間が集まって仕事をしている職場集団にあっては，時には相性の合わない嫌いな人とも一定の人間関係を築いていかなければならない。現代人にとって人間関係の維持は難しい課題の一つになってきています。

　物質的に豊かさが増し，情報量も多くなり，生活も便利になったが，それだけ生活が煩わしくなってきているのです。しかし，いくら煩わしくても人間関係なしに生きられないのです。その意味でも，コミュニケーションは人間関係を構築する礎です。今の自分の人間関係における骨太なコミュニケーションを再認識し，社会生活と人間的成長にプラスをもたらすような豊かな対人関係を構築してほしいものです。

▶ 5. おわりに

　グローバル時代はバブル経済期と異なり，人手の量の確保でなく，人手の質が問われます。その資質は，新しい時代環境への着想に優れた未来開拓力と国際感覚を備え，職場でイノベーティブな能力を発揮し，広い視野から柔軟な姿勢で時代の変化に対応できる人材が求められています。

　人生は確かに楽で平坦な道ばかりではありません。ライフワークとしての人生目標を持ち，逆境のなかで力強く生き抜くタフネス・マインドも必要です。「カミソリではなく重厚なマサカリであれ」という言葉があります。カミソリは切れ味も鋭いが，一度刃こぼれするとすぐ使えなくなります。しかし，マサ

カリは刃こぼれしても，研ぐことで何度でも使えるのです。何回倒れても立ち上がって「前へ」の骨太の精神で挑み，粘り強く人生を歩いていくのが"カミソリ的な生き方"です。若者たちには夢の実現に向けて希望の星を目指して逞しく大胆に人生を歩んでいって欲しい。

　日本において現在，最も懸念すべき問題の一つが「人口減少・少子高齢化社会の到来」です。人口の減少は，労働生産性の縮小を促し，経済成長率を低下させることになりかねない。その解決のための手段の一つが高齢者の活用です。日本企業の技術の伝承という観点から，質の高い高度な技術を持ち，部下指導や育成に成果をあげてきた高齢者を現場力の強化と能力向上のために活用していくことが重要です。高齢者に加えて女性の労働力を活かすことも重要課題です。グローバル化の進む企業において，人材育成の拠点を海外に広げ，積極的に女性社員を海外に赴任させ多様な職場経験を積ませることで長期的なキャリア開発と女性の人材育成につなげようと試みる企業もみられます。そのためにも働く女性や女性管理職の数を増やすだけでなく，給与などの男女格差の縮小，働き方の柔軟性，上司の意識改革などの変革が求められます。女性や高齢者の労働力活用はこの状況を乗り切っていく「一億総活躍社会」実現の喫緊の課題です。

　本稿は，木谷光宏「大学生と就職」―現代学生の職業選択を考える―『ようこそ！政治経済学部の知の世界へ　2012』明治大学政治経済学部，2012年を参考に加筆修正したものです。

■参考文献

大久保幸夫（2006）『キャリアデザイン入門（Ⅰ）基礎力編』日本経済新聞社
梶原豊（2015）『生涯現役時代のキャリアデザイン』リンケージ・パブリシング
金井壽宏（2002）『働く人のためのキャリアデザイン』PHP研究所
小杉礼子編著（2009）『若者の働きかた』ミネルヴァ書房
永野仁編著（2004）『大学生の就職と採用』中央経済社

第3章　人口減少社会の進展と地方創生

 消滅可能性都市，労働生産性，「産業」の少子高齢化，地域の自立，地域資源

▶ 1. 減少が続く日本の人口と消滅可能性都市

（1）1億人を割る日本の人口

　若い皆さんには，日本の人口が急速に減少しているという実感はほとんどないでしょうが，日本は世界でも類をみない人口減少時代に突入しています。若い人びとには，人口減少時代にふさわしいライフ・デザインを描く際に，人口減少社会の実態から得られる知識や情報を組み込んでもらいたいと思います。

　人口減少社会という言葉が広く本格的に用いられるようになったのは，総務省統計局が「2005年国勢調査」にもとづいて，「1年前の推計人口に比べ2万人の減少，我が国の人口は減少局面に入りつつあると見られる。」と発表したころからです。日本の人口が2005年に減少に転じたことを記憶にとどめておきましょう。その後しばらくほぼ横ばいで推移しほっとしたのですが，2013年には前年から約25万5000人も減って過去最大の減少幅となりました。2015年8月1日現在の日本の総人口は1億2694.2万人（確定値）ですが，今後も若年層の人口増が見込めないことから，2050年ごろには総人口が1億人を割るとみられています。

　一人の女性が生涯に生む子どもの数を合計特殊出生率であらわしますが，この出生率は1970年代半ばに人口維持に必要な2.07を割り込んでから低下傾向が続き，2005年には1.26まで落ち込みました。その後ゆるやかに上昇し2012年には1.41まで回復したのですが，団塊ジュニアといわれる1971〜74年生まれの女性が出産期を過ぎたことから，次の世代の人口数も確実に少なくなりま

す。したがって，たとえ出生率が2.07まで改善されたとしても，現在の人口を維持するのが難しいとみられています。

国立社会保障・人口問題研究所が公表した「日本の将来推計人口」によると，合計特殊出生率が1.35程度で推移した場合を想定した中位推計では，2050年の人口は1億人を割り込み，2100年にはその半分の5,000万人を割り込むまで減少すると推計されています。ピンとこないかもしれませんが，同研究所は遠い将来の3000年には日本人がわずか1,000人になると予測しているのですから，驚くべきことに間違いありません。

図表3-1 日本の人口推移

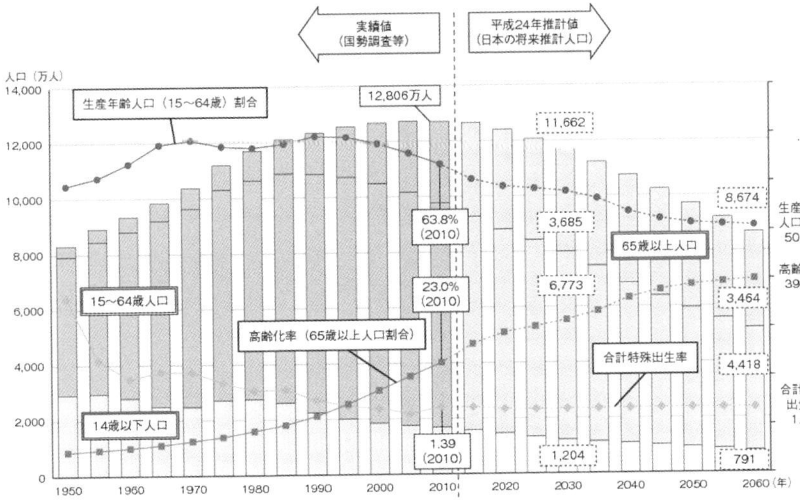

資料：総務省「平成24年版 情報通信白書」

(2) 人口減少で消滅する自治体

このように持続的に人口の減少する人口減少社会は，国全体の活力が失われるというだけでなく，むしろ国を支える地方，地域が存立できなくなる事態が進展することになります。人びとは地域社会に生活基盤をもっており，地域を離れると日常生活に支障が生まれることは容易に想像できます。その生活基盤が崩れる事態が進行しているのです。この事態は，896の自治体が消滅する可能性があるとする「消滅可能性都市」という言葉に示されています。

元総務大臣であった増田寛也氏を座長とする「日本創成会議」の人口減少問

題検討分科会が,「2040年までに消滅する恐れがある896市町村」を発表しました。通称「増田レポート」と呼ばれる報告では,2010年の国勢調査に基づいた試算で,2040年時点で20〜39歳の女性人口が半減する自治体を「消滅可能性都市」としたのです。つまり,女性の数が減少し出生数が減って人口が1万人を切ると,自治体経営が成り立たなくなることを示したもので,その数は全国約1,800市町村のうち約半分に相当するというので,この数字は国民に大きなショックを与えることになりました。

こうして,人口減少社会では地方の自立が困難であるばかりでなく,消滅する危機を前にしているという警告がなされているのです。ただ地方の消滅にまかせるのではなく,人びとが住み生活する地域を持続的に発展できるような地域へ向かって,地方や地域自身の創生への取り組みが求められていることを忘れてはなりません。

つぎには,人口減少社会の問題を3つの視点から押さえておきたいと思います。

2. 人口減少社会の基本的な問題と対応

(1) 労働力人口の減少と労働生産性の向上

人口減少は,労働力と消費市場の量的・質的変化を招きます。まず,人口減少が労働力の減少を招く結果,経済成長率が低下して国内総生産(GDP)が縮小する懸念が大きくなります。日本経済の規模を示すGDPの大きさは,基本的に労働力増加率と労働生産性の上昇率を足した経済成長率によって決まります(経済成長率＝労働力増加率＋労働生産性上昇率)。例えば,労働力増加率が1％で労働生産性上昇率が1％であれば,経済成長率は2％です。

人口が増えていれば労働者が増えるので労働力増加率がプラスになり,技術が進歩して労働者一人当たりの生産量(労働生産性)がプラスであれば,国の経済規模が拡大します。ところが,少子高齢化にともなって総人口に占める15歳から65歳までの生産年齢人口の割合が低下すると,全人口に占める労働力率と労働力増加率が低下することになります。

労働者の数が減少していく社会では,労働力増加率がマイナスになり,その結果,経済成長率もマイナスになる場合が多くなります。このとき,労働者1人が生み出す生産量(これを生産性といいます)を高めなければ,GDPが減

少していくので個々の国民の豊かさが損なわれる恐れが高まることになります。

　このまま日本経済が縮小していくことになると，人口増加を前提にした大量販売，ロボットの導入などの生産の機械化で手際よく大量に生産する「量」を重視するこれまでの企業経営は成り立たなくなります。

　わが国の経済活力維持に大きな影響力をもつ労働力増加率の面でみると，政府が雇用政策を展開し「量的」な雇用創出に向けた取組みが課題になっています。新規に労働市場に参入する若年者の活用，専業主婦等のかたちで労働市場に参入していない女性労働力の活用，まだ働く意欲があるのにチャンスを与えられていない高齢者の活用といった方法が考えられます。外国人労働者をどのように受け入れるかは，こうして，生産年齢人口に占める就業率を高めていくことが労働力増加率の視点からきわめて重要になっているのです。

　一方で，個々の企業では多様な労働者の就業能力（エンプロイアビリティ）を高める「質的」な工夫と努力が求められています。従業員の勤労意欲向上にかかわる施策や能力開発によって労働生産性を向上することが企業だけでなく，一国の経済成長にとってもきわめて重要なのです。

　多く触れることはできませんが，出生率を回復させることで人口規模の減少，市場における需要規模の縮小を抑えることも，長期的にはわが国の経済活力を維持する上でたいへん重要です。出生率については，婚姻率・婚姻年齢，結婚後の出産率・出産数，婚外子比率など複雑な要因が絡むと指摘されていますが，重要なことは人びとの「働き方」が「子どもを産み育てやすい社会」かどうかという点です。とくに，中小企業ほど乳幼児期を過ぎた子どもを育てている世代の女性が正社員として活躍する割合が高く，中小企業は「仕事と育児の両立」を考える上で重要な役割を持つということに関心をもちたいものです。

　経済成長を考える上で，もう一つ忘れてはならないのは，人は「生産者」であると同時に「消費者」であるという点です。「消費者」としての人に着目すると，人口減少は消費需要を中心とする国内市場の縮小要因となり，経済成長を阻害する懸念があります。つまり，人口減少は市場に対して供給側（労働者）と需要側（消費者）の両方に大きなインパクトを与えていることになるのです。

(2) 人口の高齢化がもたらす若者の将来への不安

　若者である皆さんにとって，人口減少社会の進展が自分の将来にどのような

影響を与えるか，なかなか想像ができないかもしれません。少子化と高齢化の同時進行によって急速に深刻化している医療，年金など社会保障制度の問題がしばしば取り上げられます。そこでここでは，皆さんのライフ・デザインに影響を及ぼすことが想定される年金問題の現状を把握しておきましょう。

　まず，人口の高齢化は，国の年金や財政の運営を困難にする要因であることはあらためていうまでもありません。人口減少のなかで働く人の割合（労働力率）が低下するわけですから，社会全体の年金負担能力や税負担能力が低下することになります。一方で，高齢者の割合が上昇するのですから，年金給付や財政支出の増加圧力が高まります。したがって，高齢化率が急速に高まる日本の場合，年金や財政の運営状況が急速に悪化するのは当然のことでしょう。

　他の欧米先進国や中国，韓国などでも高齢化が急進展していますが，それでもわが国は各国に比べ飛び抜けて高齢化のスピードが速く，年金や財政問題はそれだけ深刻で危機的であるとさえいうことができます。年金については、2004年の年金改革法によって給付と負担の大幅な調整が行われましたが，その後の高齢化の速度が政府見通しを大きく上回っており問題の根本的な解決は先送りになりました。少子高齢化のスピードが速すぎて，政策や制度づくりが追いつかず，ますます後追いになっているのが実態です。

　こうした状況をみる若者が将来は年金を受け取ることができないと思って，保険料の払い込みを拒否したり躊躇する事態もみられています。しかし，若者には自分にも関係することであるし，年金受給の権利を確保しておくためにも，医療や年金の制度や仕組みづくりに強い関心をもってもらいたいと思います。

　財政についても，消費税を中心とする増税と支出削減の組み合わせによるバランスの回復が求められるのですが，いまだ有効な手段が見つかっていません。わが国の高齢化は人口減少社会のなかで生じていることだけに，経済社会の持続的発展のために年金制度，財政制度の再構築が避けて通れない最重要課題になるのもやむを得ません。年金問題の重要性からみて，遠い将来，年金給付を受けることになるいまの若者にも，無年金の高齢者が苦しむ生活実態や年金問題に積極的に関心をもつ機会が必要かもしれません。現在の年金受給者はむしろ恵まれており，本当の年金問題は今の若者の将来に深刻になるのです。

(3) 人口密度の希薄化と食の砂漠化，買い物難民

　人口減少社会の日本では，各地で人口空白地域が多数生まれ空き家や廃屋が

あちらこちらでみられるようになりました。こうして人口密度が希薄化しており，農村地域だけでなく都市や集落の存立にかかわる問題を複雑化しています。都市部では道路や下水道の維持補修の財源が不足し，鉄道事業の収支悪化などから都市の機能低下といった問題が発生します。地方地域では集落の消滅という問題があり，農林水産省は，農業集落数は 2000 年の 13 万 5163 から 2020 年には 11 万 6388 まで減少すると推測しています。しかも同時に，集落戸数の規模もますます小さくなり限界集落という言葉が当てはまるように農業集落構造に大きな変化が生じています。

これらの問題に対して，コンパクトシティと呼ばれる都市機能や行政機能の集中化，農村人口を確保するための都市と農村の両方を居住地とする二地域居住の推進，援農などのかたちによる農業活性化の取組みがみられます。しかし，急速に進行する人口の希薄化のなかだけに，根本的な問題解決は難しくなっています。

富山市や青森市で実験されているコンパクトシティ化も関心が寄せられ，また役所や図書館，学校などの社会資本を複数の自治体など地域で整理統合して，その地域の人口にふさわしい規模の社会資本ストックを達成しようとしています。しかし，それができたとしても，人口がなお継続的に減少するのであれば，そのストックは人口に対して過大になるのだから悪循環の可能性が否定できないとの指摘もあります。

また，大都市と農漁村などの二地域居住が奨励されていますが，交流人口の増加ということになるのは確かです。しかし，都市住民が週末などを地方で過ごすだけなら，地域に根を下ろした次世代をになう地域人材の形成の面で寄与するかは疑わしいのではないでしょうか。

高齢社会に適合した地域コミュニティの創成こそが，新たな視点から模索されなければならないのです。

3. 産業の少子化と高齢化に直面する地方

(1) 産業の少子化という問題

人口の少子高齢化は，ふだん耳慣れた言葉になっていますが，産業の少子化とか産業の高齢化といった言葉を耳にすることはほとんどないでしょう。ところが，人口だけでなく産業についても，少子化が開業率の低下ということから

急速に進展しています。企業数の増減については，企業の開業率と廃業率の差で判断することができます。

1970年代の高度経済成長期には毎年4～10万社ほどが増加していましたが，早くも1983年をピークに減少に転じていたことを知っている人は少ないでしょう。新規に開業する企業数の割合が開業率で，廃業する企業数の割合を廃業率といいますが，近年は開業率が2％，廃業率が6％ほどでこの10年間に企業数が10％ほど減少し，まさに産業の少子化現象が深刻化しています。

日本は「ものづくり」で国際競争力を高めて豊かさを創り出してきました。2012年以降になると，製造業で働く人びとの数が1,000万人を割る一方で，製造業以外の第三次産業における就業者の割合が高まって急速にサービス経済化が進展しています。こうしたことが，今後はこの第三次産業を成長分野として発展させなくてはならないとする主張につながるわけです。

かつてわが国では，とくに中小企業など規模が小さな企業の数が多すぎるといわれました。60～70歳以上の年齢の高い人びとは，日本の企業が「小さ過ぎる，多過ぎる」（過小過多）といってもあまり驚かないでしょう。しかし，規模が小さくても企業数からみて大切な存在となっている現代に生きる今日の若者には，「なぜこんな馬鹿げた表現がまかり通っていたのか」といぶかる者がいても不思議ではないし，また，そのように思ってもらいたいものです。

21世紀に入って，新規創業の支援が政府の重要な政策になっています。わが国の企業が減少して雇用の場が失われ，経済の活力が低下してしまうという心配です。2010年には「中小企業憲章」が閣議決定され，日本の経済は小規模な企業によって支えられていることを強く再認識し，小規模企業の役割を強化していくことになりました。大企業ではない企業を中小企業と呼んできましたが，近年は，中小企業にさらに規模の小さい自営業者なども含めて「中小企業・小規模事業者」といっています。

大学生が就職活動に当たって大企業に目を向けがちであることはよく指摘されますが，日本の企業の99％以上が中小企業であるという事実をあまり知らないというのが本当のところでしょう[1]。製造業でいえば従業員数が300人以

1　総務省「事業所・企業統計調査」（2009年）によれば，わが国の企業数421.0万のうち，大企業は1.2万社で0.3％，中小企業は約419.8万社で99.7％を占めます。中小企業は，製造業では従業者数が300人以下，卸売業とサービス業では100人以下，小売業では50人以下の企業を指します。

下の企業が中小企業で，そのうち20人以下の小規模企業が全体の75％を占めているのです。

(2) 若返りが求められる産業

企業数が減少していることから，規模の大小には関係なく少しでも企業数を増やすことが求められています。先ほど新規創業という言葉を使いましたが，開業とかスタートアップという言葉で起業活動の重要性を強調したいと思います。

企業家精神という言葉を聞いたことがあるでしょう。これは英語ではアントレプレナーシップ（entrepreneurship）といい企業家精神と訳されます。企業家精神という言葉は企業家の理念，理想，思想などイメージさせることから，最近は理念や考え方よりもむしろ行動を重視して，「起業活動」と訳す場合が多くなりました。

「企業家」よりも新規事業を立ち上げる行動を強く含む「起業家」を重視して，小規模な企業を立ち上げる行動を高く評価するようになっています。先進国では例外なく，小規模企業やとりわけ個人的な企業や自営業者の存在を重くみるように価値観が様変わりをしていることに注目しておきましょう。

これまで取り上げてきた産業の少子化は，日本全体だけでなく各地方で深刻化し，NPO法人，社会的企業，コミュニティビジネス，企業組合などが多様なかたちで起業活動を展開し，地域経済社会の活性化，創生に取り組んでいるのです。とりわけ，大学や大学院在学中に事業を起こす大学発ベンチャーなどへの期待も高まっています。

▶ 4. 稼ぐ力の創出，地域産業資源の見直しで地方創生

(1) 自立が求められる地方

人口の少子高齢化と産業の少子高齢化の渦中にある地方には，どのような道があるのでしょうか。

人口減少社会では，人材が人口減少地域から持続的に流出することから，地域経済社会が自立するための基本的な条件を失うことになります。人口流出地域が多くなると，中央政府の税収も落ち込み，これまでのような地方交付税交付金や補助金などによる資金配分では地方を活性化することができなくなりま

す。経済成長の時代にある程度の成果をもたらした政策的手法では、地域社会を再生させることができなくなっているのです。

中央政府が地方の面倒をみる力を失っているのですから、地方は自立の道を探らなければなりません。政府の政策も、地方を直接的に支援するかつての姿勢から、基本的には地方の自立に向けた行動を側面から支援するように転換しています。2016年に「まち・ひと・しごと創生本部」を立ち上げ、各市町村に自らの地域振興ビジョンの策定を求めていることをみても、そのことが明らかです。

かつて地方は、東京や大阪など大都市に本社を構える大企業の工場を誘致することに熱心でした。企業が国内で工場を増やす時代には、企業誘致に成功すると地元で働く場が生まれて人口も増えましたが、いまや企業や工場が地域からばかりでなく国内から海外に流出しています。工場が増えるよりも減る傾向が強まっており、企業誘致に大きく依存する外来型発展への期待ができないだけに、地域で企業や産業を自ら生み出す内発的な経済発展が課題になっているのです。これが地域の自立的運営の条件となっているのです。

(2) 地域産業資源の発掘による地方創生

地域再生やまちづくりに参画する人が増えていますが、この人たちが関心をもつのは必ずしも多様な可能性を秘めている大都市ではありません。むしろ、高齢者が自宅周辺の木々の葉を地域資源として産業起こしに成功して有名な徳島県の上勝町の「はっぱビジネス」、離島のハンディキャップを逆に活かして地元産物のブランド化や観光の振興で地域再生に成功した事例として注目される島根県の海士町(あまちょう)、果樹のゆずを地元資源として産業を起こした高知県馬路村のように、良き指導者を人材に得て小さな町単位でビジネスモデルを作り出したことに関心と注目が集まっています。

地域再生、さらに積極的な意味を込めた地域創生においては、成長志向の考え方から地域資源を効率的に活用することに価値があるのだというように、地域創生活動の評価基準が変わらなければならないのです。

地域経済社会の自立的、持続的発展には、これを支える基盤的産業の存在と発展が必要です。基盤的産業には農林水産業、製造業、観光産業などが含まれ、各地域がどのような資源をもつかによって成長、発展が可能な産業が異なります。これまで、わが国のどの地域でも「ものづくり」の製造業の工場を誘致で

きれば地域が発展できると信じてきました。しかし、今日では製造業は海外に工場が流出するケースが多いことから、農林水産物のなかでも農業を成長産業として位置づける意識が高まっています。

農家が中心となって農産物を加工して自ら販売する取組みを推進する「六次産業化」、農家・農産物加工業者・販売業者の三者が連携する「農商工連携」などが各地で一斉に取組まれていることを知っているでしょう[2]。従来、衰退産業とみなした農業や水産業に成長余地の「伸びしろ」があるととらえているのです。これらは、いずれも関連法律が制定され、国の支援が行われています。

近年、観光産業が地域の発展にとって期待される産業として、脚光を浴びていることも知っていることでしょう。マイナーな感じでみられていた観光が、国や地域の経済を大きく左右する産業となっているのです。国単位でいえば、2015年には海外からの観光客が2,000万人を達成し、インバウンド観光客が日本で消費する金額が2兆円を超すようになりました。GDPが470兆円ですからこれは大きな金額です。

今後ますます海外観光客が増加することから、各地域で受け入れ対策に知恵を絞る必要が高まっています。風景、寺社仏閣の建造物だけでなく「聖地巡礼」といった地域とストーリーづくりによる地域イメージの形成なども観光資源の有効な利用の手法になってきました。

他の先進国をみると、年間の海外観光客がもっとも多いフランスは8,000万人を超しているのに対し、ランキングではわが国は20位程度です。人口規模では世界で10位の1億2000万人ですから、これに対比してみるとまだまだ未開発の産業部門といえそうです。

観光は「みる・食べる・買う・泊まる・癒やす」など多面的な行動を含み、それぞれに対応したビジネスが発生します。飲食店・レストラン、土産物店、旅館・ホテルなどから旅行代理店、鉄道業などが地域で波及的に発展が可能になるのですから、小さくても地域の特徴をもった資源を見いだすことが肝心です。

---

2 六次産業化というのは、農家が農産物を生産し（第一次産業）、農家が自ら農産物を加工し（第二次産業）、農家が販売活動を行う（第三次産業）、全体を農家が主体となる取り組みをいいます。今村奈良臣氏が提唱した考え方で、1×2×3＝6と表現することもあります。農商工連携は、農家と製造業者、販売業者のそれぞれ別の経済主体が協力、連携するものです。したがって、厳密には六次産業化と農商工連携の概念には違いがあります。

▶ 5. 地方創生をになう若者への期待

(1) 地域住民が主役の地方創生

　1970年代にわが国に「地域の時代」がやってきたと叫び，人びとは1980年代と1990年代にも同じように地域の時代がやってきたと期待をもちました。しかし，1999年に地方分権一括法が制定されるまでは，地方の時代の実現に着手することができませんでした。この法律の制定によって，国による管理が縮小し，県や市町村の地方公共団体が自らの判断と責任において行政を行うことになり，ようやく本格的な地域の時代に入ったというべきでしょう。

　ここで使われている地方分権という言葉には，もともと中央に権限が集中する中央集権であったが地方に権限を分け与えるのだという響きがあります。そこで，地方分権ではなく，本来は地域が主権を持つのだから「地域主権」を主張すべきだという人びともいます。この考え方が道州制の議論につながっていることも知られています。

　ところで，地域の自立のためには，住民自らが地域経営に積極的に参加してその地域社会にふさわしい共同体意識を形成することが必要です。住民と行政との協働が基本であり，ボランティア組織や専門的な知識や技能を持つNPO（非営利組織）など公共的な利益に関心をもつ組織の活用や地域の仕組みづくりで手腕を発揮する人材の育成と活用が必要になります。若い人びとには，地方公務員を志望する場合などでとくに，このような人材になってもらいたいと思います。

　地域で人材を育成するには長期間が必要なことから，中央から応援団を派遣するのが実態です。時間がかかることから，地方創生に積極的に取り組む市町村に意欲と能力のある国家公務員や大学研究者，民間人材を市町村長の補佐役として派遣し，地域に応じた「処方せんづくり」を支援する地方創生人材支援制度なども2015年度から実施されています。

(2) わか者・ばか者・よそ者への期待

　一般に「よそ者，若者，ばか者」といわれる人びとの挑戦が，地域のあり方に変化をもたらすことはよく知られています。地域の特徴や強みを客観的にとらえて，その強みをいっそう磨くには，地域外の知恵や知識の活用が有効です。

人口減少社会における地方創生は，決して楽観視することはできません。地域創生活動は，どの地域でも取り組まれるようになっていますから，意識するしないに関わらず地域間競争が激化していると考えることもできます。

　地方は人材と資金の供給地であり，この流れは一方的で高校を卒業するまでは地元で教育し，その教育成果は都会の大学進学と就職などで大都市に吸収されてしまうことになります。こうした実態を変えるのがUIJターンと呼ばれるものであることは皆さんがよく承知していることです。しかし，都会生活で培った多様なものの見方，多様な価値観を身につけると，地方の単調な生活に飽き足らなくなりUIJターンになかなか至らないということになりがちです。

　地方は人材を大都市にとられ，大都市で生活基盤を築いた人材は大都市に納税するようになり，人も金も大都市に集まると批判的な感情を地方の人びとがいだくのは自然なことでしょう。新聞などで，「ふるさと納税制度」の活用を巡って自治体間で激しい競争が展開していることが報道されていますが，これも地域間競争の実態を教えてくれます。

　地域創生は，これまでみたように，まず人材の確保・育成が成功への条件となるのですが，人材不足が各地域で問題となっているだけに，地域間競争は実際には人材獲得競争になります。人口減少社会にあるだけに，人材確保の環境は今後ますます厳しくなることは必定です。

　自治体職員だけでなく地方の人びとが，コミュニティの豊かさ，住みやすさを創り出して若者が魅力を感じる工夫や努力をしながら，若い人びとには，地域のことを知り，地域の強みと弱みを見極め地域資源の特徴，強みを把握する能力を高め，自ら地域に飛び込み地域の創生で役割を果たしてもらいたいと思います。

　俗に「わか者，ばか者，よそ者」といいます。若い感覚を地方が求めており，地元の閉鎖的な風土からすればとんでもない驚くような発想をする「若者」と「馬鹿者」，地元住人にとっては日常的だが他所（よそ）からの来訪者であればこそ見つかる未利用資源にかかわる「余所者（よそもの）」の視点，考え方が地方を変えるのです。こうした地方を見る目をもったライフ・デザインを描いて欲しいと願っています。

■推薦図書

・本間義人(2007)『地域再生の条件』岩波新書(1059)
・小田切徳美(2014)『農山村は消滅しない』岩波新書(1519)
・増田寛也編著(2014)『地方消滅』中公新書(2282)
・大江正章(2015)『地域に希望あり』岩波新書(1547)
・今村奈良臣(2015)『私の地方創生論』農文協
・冨山和彦(2014)『なぜローカル経済から日本は甦るのか』PHP新書(932)

第4章 グローバル化の進展と地域産業

Keyword　産業の空洞化，国際分業，産業構造の高度化，産地，地域の粘着性

▶ 1. はじめに

　グローバル化は一般に，ヒト・モノ・カネ・情報の国境を越えた移動が活発化することを指します。また，それによって貿易を通じた取引や海外への投資が増大することで，国と国の経済的な結びつきが強まっていくことも意味しています。1990年代以降，日本経済のグローバル化は為替相場の変動，アジア諸国の成長などを受けて進展してきました。輸出入総額でみたときの日本の貿易相手国のトップは長らくアメリカでしたが，2007年には中国がアメリカを上回り（財務省貿易統計「貿易相手先上位10カ国の推移」より），日本の主要な貿易相手国がアメリカから東アジア諸国へと移ってきています。

　アジア諸国との結びつきを深めながら日本経済のグローバル化は進展しているといえますが，その背後にはどのような企業行動があるのでしょうか。また，企業行動が変化すれば，その企業が立地している地域の産業構造にも影響を与えます。グローバル化によって地域産業がどのように変化しているのかを考察しながら，地域が持続的に発展していくためには何が必要かについて考えていきましょう。

▶ 2. グローバル化と産業空洞化の懸念

(1) 国際分業の進展

　為替相場の変動は，輸出を中心とする産業では大きなリスク要因になります。そのため，1980年代後半からの円高基調のもとで企業は海外生産比率を高めて，そのマイナスの影響を回避しようとしてきました。企業は海外で事業展開するとき，生産や販売の機能をどこにおくか，つまりどこでどのようなモノを作り，どこで販売するのかという戦略を立案します。

　このような企業の戦略的行動は国境を越えた分業体制をつくりだし，国際分業があらゆる次元で進展してきました。国際分業は一般に，どの工程をどの国（企業）が担当するかという工程間分業，どの機能（販売や生産，研究開発など）をどこにおくかという機能間分業，どのような品質の製品をどこで生産するのかという製品間分業に分けられます。企業は様々な条件を考慮しつつ，世界中でもっとも適していると判断した場所に拠点を立地します。このような企業の世界最適立地によって，日本を含めたアジアの産業構造は大きな影響を受けてきました。

　国際分業の展開によるグローバル化のなかで，それぞれの国・地域における産業の位置づけも変化しています。中国やASEANを中心とした新興国では，外国企業の立地増加を受けて新たな産業集積が生まれ，さらには地元資本の新興企業も数多く登場しています。これらの国々では，世界の工場としての地位を確立するだけでなく，近年は市場としての魅力も高まっています。一方で，先進工業国として成長してきた日本は，国際分業の中ではポジションの大きな転換を迫られ，グローバル化はネガティブな意味をもって受け止められがちでした。

　グローバル化によって生じると考えられるデメリットは，「産業の空洞化」ということばに集約されます。特に1990年代以降，生産コストの低いアジア新興国への生産拠点の移転によって，危機感をもって空洞化が叫ばれるようになりました。実際のところ，それ以前から貿易摩擦の回避や為替リスクの軽減を目的として，生産拠点を欧米に移転させる動きがみられ，このときも雇用が失われるのではないかという空洞化の懸念がありました。しかし，90年代以降の空洞化は，企業の海外移転による直接的な雇用の喪失だけでなく，価格競

争に敗れた国内企業の市場退出が増加するのではという懸念が生まれたところに特徴があります。

　生産拠点を海外移転する企業が増加すれば，国内に拠点をおく企業が海外との競争にさらされることになります。日本はアジア諸国に比べて賃金コストが高いため，特に労働力を多く必要とする産業はコスト競争で不利になります。もし競合する同業他社が海外に生産拠点を移転すれば，国内で操業する企業は不利な立場におかれることになります。繊維製品のように，商品における輸入品の割合を示す「輸入浸透度」が高い財ほど価格低下が著しいという調査結果もあり，輸入製品に対抗するためには国内でのコスト低減，海外展開，もしくは市場からの退出（製品転換，事業転換）などの方策をうたなければ企業は生き残れません。また，顧客である企業が生産拠点を海外に移した場合，それまでの取引を継続してくれるとは限りません。現地にも同じレベルの同業者がいれば，輸送費用や取引費用も含めたコスト競争に勝利するのが難しくなるからです。

(2) 内なる空洞化

　グローバル化による競争圧力の高まりは国内産業の空洞化の引き金になっているといえますが，もうひとつ考えておかなければならないのは，企業が競争圧力に耐えきれず退出してしまうのはなぜなのかという点です。その原因はいろいろ考えられますが，特に中小製造業が直面する人材に関わる問題があります。それは経営者・従業員の高齢化，および後継者の不在です。このような課題をかかえる企業は，変化に直面したときの適応力を鈍らせる可能性があります。若手人材の不足でそもそもマンパワーが足りないということもあるでしょう。企業を引き継がせたい人物がいなければ，革新的な取り組みを継続的に行っていく意欲にマイナスの影響も与えることもあるでしょう。日本では，80年代後半に全産業でみた事業所ベースでの廃業率が開業率を上回り，事業所数は全体として減少傾向にあります。とりわけ製造業事業所の減少は著しいといえます（図表4-1）。廃業率の高まりは産業の新陳代謝促進を考えれば必ずしも悪いことではありませんが，企業として存続する能力や将来性が残っているにもかかわらず廃業を選択してしまう企業も少なくありません。少子高齢化がいわれて久しい日本においては，海外からの競争圧力だけでなく，「内なる空洞化」にも目を向ける必要があるのです。

図表4-1　事業所数の推移

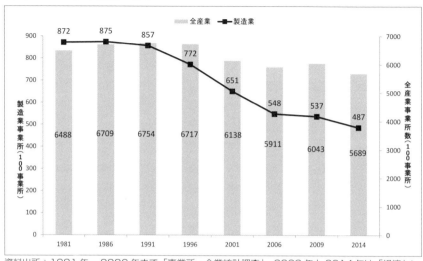

資料出所：1981年〜2006年まで「事業所・企業統計調査」，2009年と2014年は「経済センサス基礎調査」より

▶ 3. グローバル化に適応する産地

（1）産地の解体

　国内産業の空洞化懸念からグローバル化の影響は消極的に考えられることも多かったのですが，グローバル化による国内経済への恩恵もあります。恩恵とは，結果的に製造業の存続を助け，地域産業を高度化するということです。空洞化の懸念とは矛盾するように思われるでしょうが，グローバル化は国内に拠点をおく企業にとって様々な課題を解決する糸口を与えることになり，地域産業の新たな発展の道筋を見つけるきっかけとなります。

　日本には産地と呼ばれる地域が多数あります。産地はその地域の歴史的，経済的，社会的背景のもとで，多数の中小企業が同一または関連の製品を生産している地域であり，その産業は地域を支える重要な役割を果たしてきました。

　中小企業庁の「平成22年度産地概況調査」によると，調査時点で400以上の産地が存在し，それぞれ食料品や繊維，家具など主に衣食住に関わる消費財が生産されています。江戸時代以前にルーツをもつ産地はその半数近くにもなります。物流の制約などから発展の方向性はその土地で手に入る原材料に規定

されることが多かったのですが，原材料の枯渇や代替品の開発によって原材料の地場性は薄れてきています。

とはいえ，産地の独自性が失われたわけではなく，地域の様々な経営資源を活用して地域独自の製品を生み出して存続してきた産地も多くみられます。グローバル化が進展する現代においても，伝統的に培われてきた技術を用いて新たな製品分野に進出したり，原材料や半製品の輸入をうまく利用して新たな活路を見いだす産地があります。

産地では多数の企業が協力することで製品を完成させていく社会的分業が行われています。例として，新潟県燕市（つばめし）を中心とする金属製品の産地をとり上げてみましょう。燕地域は明治時代以降，スプーンやフォークなどの金属洋食器の産地として発展してきましたが，現在ではそのステンレス加工技術を高度化して洋食器だけでなくハウスウェア，アウトドア用品，医療機器にいたるまで多様な製品を展開しています。産地では，製品の企画や販売を主に担当するメーカーや卸企業，実際の生産を担当する多数の加工業者によって社会的分業が成立しています。主にメーカーや卸企業がこの社会的分業をとりまとめており，それぞれに専門化された加工業者を柔軟に組み合わせることによって多様な製品の生産を可能にしています。

戦後，燕の産地は社会的分業を地域内で完結させるかたちで大量生産を実現し，コスト競争力を活かした輸出型産地として発展してきました。その後，1950年代後半の貿易摩擦や1970年代以降の円高により輸出競争力を失ったため，燕は内需型産地へと転換していきます。しかし，プラザ合意によるさらなる円高を機に輸出は大きな打撃を受けるとともに，アジアを中心とする海外からの低価格製品や半製品の流入が加速したことで，地域内完結型の生産体制は変化を迫られました。

(2) 産地の進化

グローバル化の荒波にうまく乗ったのは，消費者および業務用ハウスウェア総合卸企業です。これらの企業は燕産地で生産された製品を仕入れるだけでなく，半製品や完成品の一部をアジア諸国や国内他地域から調達することで，種類，量，価格，品質などの面で多種多様な製品ラインナップを実現して全国に展開しています。消費者ニーズが多様化し，変化のスピードが速まる現代において，変動する需要に対して柔軟に迅速に供給できるこれらの企業が存在感を

増しているのです。さらに，家庭やレストランのキッチンで使うハウスウェアといえば燕地域で生産された製品，というように地域のブランド化にも貢献していると考えられます。

　2人の経済学者の名前からとったペティ＝クラークの法則にもれず，日本も産業構造の中心が第二次産業から第三次産業へと移行しており，第三次産業の従業者数は全体の7割を超えるようになりました。産業の空洞化によって失われる雇用を円滑に吸収していくためにも，雇用の受け皿としてサービス産業が必要となるのですが，産地の変容においても卸企業が主導的な役割を果たしているといえます。

　燕地域の卸企業は海外からの輸入に力を入れていますが，それだけでは他地域の同業者との違いを出すのは困難です。燕地域の多様なメーカーや加工業者がそれぞれ能力を発揮してくれるからこそ，他地域と差別化が図られるのです。産地内の生産を担当する企業は海外との競争にさらされることになりますが，生産工程の中で海外からの半製品を使うことで生産を効率化する企業がいたり，海外製品との比較から自らの独自性を見いだしてすみ分ける企業がいます。さらには，海外との競争の中で自らのポジションを積極的に見直して維持成長を図る企業もあらわれています。美しく磨き上げたステンレス製高級タンブラーが人気を博している「磨き屋シンジケート」の取り組みはまさに好例であり，中国製品の台頭に危機感を覚えた研磨業者の集団が自らの技術を見直すプロセスから生まれたのです。

　グローバル化を背景に，燕産地は地域内ですべてを完結するタイプの産地としてではなく，国際分業の中で地域独自のものづくり基盤を活かした産業集積へと進化を遂げているといえるでしょう。消費者のライフスタイルの多様化や嗜好の変化が進む中で，産地はそれに対応した産業のあり方に転換することが不可欠です。グローバル化は良くも悪くも大きなインパクトをもって産業構造の高度化を促進する契機になっていることを忘れてはなりません。

▶ 4. 経営の自立化を図る中小企業

(1) ものづくりを支える取引構造の変化

　中小企業にとっては海外での事業展開は，進出先国の需要を取り込むチャン

スになります。1990年代からの長引く不況の中で、大手企業を中心により一層のコスト削減を求めて海外生産シフトが起こりました。大手企業との取引縮小の危機に見舞われた中小企業は、自らの判断で海外進出をしていきました。海外進出に挑戦する中小企業は着実に増加しています（中小企業庁『中小企業白書2014年度版』）。

かつて、日本のものづくりの強みは大企業と中小企業の緊密な協力にあるとされていました。特に自動車や電気機械に代表される加工組立型産業においては、完成品を組み立てる大企業とその部品を生産する中小企業の関係は強固に結ばれていました。生産や製品開発における企業間の緊密な協力は生産性や品質の向上に寄与し、日本の国際競争力の源泉となったと評価されることもあります。このような体制は下請分業生産システムとも呼ばれ、親企業と呼ばれる発注側と、下請企業と呼ばれる受注側の取引関係は長期継続的であることが特徴であり、企業の間で何十年も取引が続いているという例は珍しくありません。

「取引が長期にわたって続くだろう」という見通し（期待）は、取引をより効率的にする効果があります。例えば、ある取引のときだけに役立つ専用機械を購入したり、その取引に必要な技術をもつ従業員を育てたりして、その取引のために最適化された資産に投資できるようになるからです。このような投資によって下請企業は効率的に受注をこなすことができるようになりますが、その投資によって形成された資産は他社との取引に転用することが難しいため、親企業への依存度を高める結果となります（これをホールドアップ問題といいます）。

一方、より効率的に受注をこなしてくれる専属的な下請企業がいることは親企業にとっても好ましいものでした。親企業である大企業も他の大企業との激しい競争にさらされていますから、その競争で優位に立つためにも優れた下請企業の確保は重大な関心事でした。親企業は優秀な下請企業を囲い込むために、技術指導や人材交流などを通じて下請企業との関係を強めたのです。その結果、専属的な下請企業を多く育ててきたのです。

高度経済成長期のように経済が右肩上がりに成長していく中では、親企業と下請企業の両者の思惑がうまく合致することで、下請分業生産システムが機能してきたといえます。しかし、大手企業の海外進出が活発に行われるようになり、下請分業生産システムは変質を迫られています。このシステムは取引が長期継続的となることを前提に形成されてきたため、その前提が覆されれば親企業と下請企業の関係も変わらざるをえないのは言うまでもありません。親企業は従来のよう

に下請企業を育てるという姿勢を見直して世界最適調達を行い，下請企業は親企業に依存した取引から脱した戦略的な経営を行うようになってきているのです。

(2) アジアの成長を取り込む

　グローバル化の進展は下請企業にとって危機をもたらしましたが，同時に新たなチャンスでもあります。経済環境の変化の中で，市場からの退出を選ぶ企業も少なくありませんでしたが，環境変化への適応の過程で自らの経営資源や能力を洗い直し，新たな挑戦をする企業も多数生まれました。

　海外への積極的な展開を図る中小企業も増加しています。現地の需要を取り込むという目的で海外直接投資をする中小企業は増加していることがわかります（図表4-2）。国内では既存の親企業との取引を重視せざるをえなくても，進出した先では何にもとらわれず自分の力で新規取引先を開拓できるという声もあります。つまり，グローバル化の進展という経済環境の変化は，中小製造業の経営の高度化と自立化，生産性向上を促す機会となっているといえます。

　また，製造業がかかえる大きな課題の一つとして，人材確保があげられます。人材の安定的な確保が難しければ，企業の成長が制約されることになります。外国人技能実習制度によって来日した外国人実習生を戦力とせざるをえない生産現場も多数あるほど，若手人材の確保は喫緊の課題です。海外への進出によって豊富な労働力が獲得できるようになれば，人材という制約が取り払われ，企業成長につながる可能性は大きいのです。

　ところで，自治体による産業政策といえば企業誘致によって地元に雇用を生み出すというのが一般的ですが，まったく逆の発想で地元製造業の存続を図ろうとする自治体も登場しています。先進的な例として，東京都大田区があげられます。大田区は2006年にタイのアマタナコン工業団地に「オオタテクノパーク」という集合工場を設置して，大田区の中小企業に貸し出しています。タイで操業するための必要な手続きや事務を常駐スタッフがサポートしています。中小企業はサポート体制の整ったオオタテクノパークで経験を積むことで，次の展開へステップアップをめざすことができます。

　海外進出した企業が，海外だけでなく国内での雇用をも増加させているという調査結果もあります（中小企業庁『中小企業白書2014年度版』）。中小製造業の海外進出を後押しすることが，結果として地域中小企業の活性化につながる可能性があるのです。

図表 4-2　中小企業が直接投資先を決定したポイント

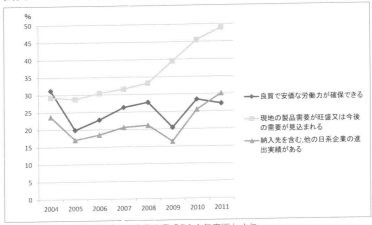

資料出所：中小企業庁編「中小企業白書 2014 年度版」より

　グローバル化の進展によって，アジアとの分業という視点から地域産業のあり方を転換しなければならない状況におかれています。その転換の過程で新たな役割を見いだす中小企業も多数生まれています。グローバル化が雇用の喪失という意味での産業の空洞化を招くという意識から，グローバル化を利用していかにアジアの成長を取り込むか，自らの成長へつなげるかという姿勢への転換が必要になっているのです。

5．企業立地と地域

(1) 企業誘致の光と影

　グローバル化による企業行動の変化を概観してきましたが，その企業が立地している地域はどのように影響を受けているのかについて考えていきましょう。

　グローバルな視野で企業戦略が展開されるようになると，その立地行動もグローバルになります。企業にとっては世界中の国や地域が選択肢となり，その中でもっとも適した場所が選択されます。したがって，企業立地を促進したい国内の各地域にとって，世界がライバルになることを意味しています。

　企業立地を促進するための施策として一般的なのは，企業誘致政策です。近年では，国による産業立地政策の転換や小泉内閣の三位一体の改革を通じて，

都道府県レベルだけでなく市町村レベルにおいても，企業誘致は多くの地方自治体の地域産業政策の柱となってきました。企業誘致を行うために，工場誘致条例を制定する自治体もあり，工場団地造成といったインフラ整備と，進出企業に対する融資・税制優遇・助成金などの資金面での支援が一般的です。

　企業誘致の成功で一躍有名になったのが三重県亀山市です。三重県は2000年に，液晶をはじめとするフラットパネルディスプレイの世界的集積地を形成するという「クリスタルバレー構想」を立ち上げ，液晶関連企業に対する積極的な誘致活動を始めました。

　その誘致活動の特徴は，①知事によるトップセールス，②様々な行政手続きの窓口を集約するワンストップサービス，③巨額の補助金です。大胆かつスピーディな意思決定を特徴とする誘致方法は「亀山方式」といわれるほどであり，2002年にはシャープの液晶工場を誘致することに成功しました。

　この三重県が誘致した企業のその後の業績悪化は周知の事実だと思いますが，この誘致方法には学ぶべき点も多く，実際に多くの自治体の企業誘致政策に影響を与えました。企業誘致に成功し，多額の補助金を回収してあまりあるほどの経済効果が得られたという結果が示されている一方，その持続性には疑問符を付けざるをえません。その理由は，地域経済が少数の地域外の企業や工場に依存するかたちの構造になっているからです。産業の空洞化問題が，少数の大企業に地域経済がぶら下がる企業城下町タイプの地域においてより深刻であったことを考えれば，再び同様の問題が起こることが懸念されます。また，大企業の意思決定機能は他地域にあるため，いわゆる分工場経済を形成することになり，地域経済の自立化からは遠ざかってしまうことが多いのです。

(2)「企業の論理」と「地域の論理」

　企業の論理と地域の論理はそもそも異なり，その論理の違いが摩擦を生み出します。まず，企業の第一義的な目的は利益を追求することであり，利益がより多く獲得できそうな場所へ移動を繰り返す存在だということです。株主のグローバル化が進む企業では，その傾向はますます強まるでしょう。そのような企業にとって地域は，企業の利益を生み出してくれる存在であることが期待されます。そうでなければ違う地域に移動するまでです。一方，地域に住む人々は様々な理由から企業ほどに地域間の流動性は高くありません。地域に愛着をもち，できることなら慣れ親しんだ地域で暮らしたいと思う人も少なくないで

しょう。そのような人々にとって地域は、文化的社会的な共通性のもとで安心して暮らせる空間であることが望まれます。

地域の論理は、企業に対しても安心して働ける場であることを期待します。そのため、企業誘致政策は、継続的に（多くは即効的に）雇用を生み出す企業を求めることで、地域の期待に応えようとします。しかし、企業、特にグローバル企業は地域の論理では行動していませんので、企業誘致政策の思惑は外れ、持続的な地域経済の発展とはかけ離れる結果となってしまうのです。雇用をつくり出すという点で企業誘致政策そのものは否定しませんが、地域の論理と企業の論理は異なるということを念頭において、企業を立地させることだけではなく、立地した企業とどのように付き合っていくか、地域経済の自立化にどのようにつなげていくかという視点を地域が持つことが大切です。

6. グローバル化と内発的地域振興

(1) 企業が地域を選ぶ時代

国内外を問わず企業立地促進策がとられている中では、企業は星の数ほどある選択肢の中から地域を選べばよいので、「企業が地域を選ぶ時代」といわれるほどに地域側の立場は弱くなっているといえます。地域振興のために企業を立地させたければ、世界中のライバルに勝利しなければならないのです。そのような状況で、何を「売り」にするのかは大きな問題です。結論からいうと、価格では勝ち目がありません。

かつて企業誘致といえば、安くて豊富な土地や労働力を武器に都市から工場を呼び込むというのが定石でしたが、その点では新興国には及ぶべくもありません。同様に、補助金の額はいくら上げても際限がありません。そのように価格を付けられるような資源ではなく、価格を付けられないような価値を提供することが企業立地を促進するうえで鍵になるのです。

地域振興の考え方には、企業誘致のように地域外から来た資源を利用する方向と、地域内の資源を活用しようという方向があります。後者の地域資源を活用して内発的な地域振興を図るという方向性は、グローバル化が進むにつれて重要性が高まります。

グローバル化に加えてICT化、輸送手段の発達によって、必要な経営資源

や情報を手に入れるためのコストが低下する中で，特定の地域に企業が立地する意義は変わりつつあります。かつては経営資源や市場への近接性からみたときに，ある地域に立地すれば輸送コストや通信コストを節約できるというメリットが立地の決定に影響を与えていました。これらのメリットはだんだん小さくなり，代わりに重要性を増しているのは，その地域でしか入手できない経営資源や情報を獲得することができるかどうかです。

例えば，インターネットで誰でも見られる情報は入手するための地理的な制約はありませんから，そのような情報しか必要としないのであれば立地はどこでもかまいません。ただし誰でも見られる情報では他社と差別化ができません。他社がまだ知らない情報をより速く入手することが，競争における強みである競争優位につながります。そのため，移転が困難な情報を手に入れるために，その情報が発信される場所にいようとするインセンティブが働くのです。

これは，経済環境が変化する中でも新潟県燕地域に金属製品の産地が存続するのはなぜなのか，という問いに対してもヒントを与えてくれます。燕地域には有力な卸企業が育っていますが，地域外から流入する低価格品だけを扱っていたのでは燕に立地する意味は小さいですし，他地域の同業者との差別化はできません。地域内に多様なメーカーや加工業者がいて，最先端の技術が開発され，多様な新製品が発信されているからこそ，卸企業の品揃えが独自性をもつようになり競争力につながるのです。

(2) 粘着性の高い資源を活かす

その地域でしか入手できない経営資源や情報を発信，提供できる地域には，企業や人が集まってきます。岡山県倉敷市児島地域は国産ジーンズ発祥の地として有名ですが，1990年代以降の低価格ジーンズの台頭などによって産地の既存企業は苦しんできました。しかし近年，再び活気を取り戻しており，その中心にいるのは90年代以降に創業した若い企業です。これらの企業は，ジーンズ産地として児島が培ってきた知名度，加工技術，社会的分業体制などを活用して，ファッション性の高い高級ジーンズを展開しています。

また，この企業群と商工会議所が連携して，シャッター化していた商店街を「児島ジーンズストリート」として生まれ変わらせ，ジーンズ関連の商品を扱う店舗が入居しています。店舗はメーカー直営のものが多く，顧客と直接対話してニーズを知ることができます。顧客にとっても多様な店舗を歩いて比較購

買できる場として魅力的であり，新規店舗の増加とともに国内外からの観光客を集めるようになっています。

児島地域の取り組みは，地域にある様々な資源を見直すだけでなく，地域資源をフル活用するために地域の多様な経済主体が協力しつつも競争する状態をつくり出しています。地域としての一体感が相乗効果を生み，地域の独自性を高めているのです。いうまでもなく，観光産業の振興においては地域の独自性がさらに重要になります。アジア諸国の著しい経済成長を受けて，外国人観光客がかつてなく増加しています。外国人観光客を取り込むためには地域の魅力を発信することが重要です。外国人が過ごしやすいようにハード面の整備を進めるのはもちろんですが，同時に地域独自の雰囲気を醸成することも課題になるでしょう。

グローバル化の中で持続的に地域が発展していくには，逆説的ですが，ローカルな要素をいかに発見し活用していくかが重要になるのです。特に，地理的な近接性を活かした頻繁なコミュニケーションによって培われた産業風土や社会的関係資本は，地域の持つ技術，情報，人的資源などの要素が歴史的経過において結びつき，生み出された独自の資源です。グローバル化によって様々な資源は容易に入手できるようになる一方で，そのような地域に粘着性の高い資源は地域に残されます。その粘着性の高い資源を再発見し，地域の独自性として活用することがグローバル化の中で生き残るためには重要であるといえます。

■ 参考文献

伊藤正昭（2011）『新地域産業論』学文社
植田浩史・桑原武志・本田哲夫・義永忠一・関智宏・田中幹大・林幸治（2014）『中小企業・ベンチャー企業論—グローバルと地域のはざまで（新版）』有斐閣
鹿島洋（2010）「三重県亀山市における液晶企業の誘致と都市の変容」『熊本地理』第21巻
中小企業研究センター編（2001）『産地解体からの再生』同友館
中小企業庁編『中小企業白書』『小規模企業白書』各年度版
マイケル・ポーター，竹内弘高訳（1999）『競争戦略論Ⅱ』ダイヤモンド社

■ 推薦図書

川端基夫（2013）『立地ウォーズ改訂版』新評論
忽那憲治・山田幸三編（2016）『地域創生イノベーション—企業家精神で地域の活性化に挑む』中央経済社
横石知二（2007）『そうだ，葉っぱを売ろう！』ソフトバンク・クリエイティブ

第5章 グローバル化の進展と異文化間コミュニケーション

Keyword　グローバリゼーション，異文化間コミュニケーション，多文化共生社会，人間理解

▶ 1. 文化を変えるグローバリゼーションの潮流

(1) 伝統文化が変わる
a. 急速に変わる文化と生活スタイル

　日本社会は明治維新 (1868年) を境にして大きく変わりました。明治維新前の日本は鎖国政策によって諸外国からの情報は一部の人と地域 (長崎) を除いてはほぼ遮断された状態にありました。しかし，明治維新を境にして西洋文明 (western civilization) が広く社会に浸透し，学校教育制度の整備，産業育成への取組みが日本を近代的な社会を築くステップとなったことは広く知られている歴史です。

　そして，明治維新から今日まで日本社会は，戦争，敗戦，荒廃した国土の再建などのさまざまな体験をして現在に至っています。私たちが生活をする社会，地域，学校，職場をみると急速に変化しており，日々変化をし続けています。特に1980年代後半に顕著になった国際化，グローバリゼーションの潮流，ICT技術の進化は私たちの生活スタイルを大きく変え，日常生活に必要な家電製品，情報伝達手段としてのTV，電話の普及などが生活スタイルを大きく変える要因となりました。この生活スタイルにあらわれる文化的側面はグローバリゼーション，ICT技術の進化によって変化をしていますが，一方において生活者である人々の意識面，価値観も変化しつつあることはいうまでもありません。

b. 伝統文化を変えるグローバリゼーション

　TVでは世界の秘境という類の番組が報道される時があり，ジャングルの中

で生活する人たちの食事の光景が紹介されることがあります。ここでの食事の材料，料理をつくる過程は恐らく伝統的に同じもの，同じ方法が用いられているものと思われます。ところがこの地で生活をする人たちの家の中にTV，洗濯機が置いてある光景が映し出されることがあります。ここに映し出された人たちの日常生活にもTV，洗濯機があり，かつての生活スタイルが変化しつつあることが窺えます。

　日々の生活にさまざまな情報が入り，それらの情報によって日々の生活，生活スタイルが変化することは多くの国，多くの地域において体験している状況といえます。社会状況，生活環境が変化しても容易に変わることがない側面がある人々の意識，価値観も時間の経過，環境の変化に対応して変化しつつあるのが今日の社会です。

　グローバリゼーションの進展は，人，物，金，情報が国境を越えて交流する社会を形成する背景にありますが，この潮流は文化の伝播，交流を促進する潮流でもあります。

　十年一日のように変化することのなかった人々の意識，価値観も属性の異なる人たちとの交流，先端情報に接することによって，ある人は急速に，ある人は徐々に社会環境の変化に対応している状況が目につく時代でもあるのです。

(2) グローバリゼーションと社会システム
a．政治経済・社会への影響と課題

　かつての日本が鎖国政策から開国政策に舵を切った明治維新当時の世界は，現代社会のように情報が瞬時に世界中に流通する時代ではありませんでした。

　日本の明治維新は当時の文化，文明（civilization）の先進地であったイギリス・フランス・ドイツ・オランダ・アメリカなどの思想，医学，科学技術，政治制度を学んだ青年たちがリーダーシップを発揮して成し遂げた偉業であったといえますが革命（revolution）ではありませんでした。

　ところが21世紀の今日の世界では，急速なグローバリゼーションの進展，世界の隅々にあらゆる情報が瞬時に伝播します。その結果，入手した情報，学んだ知識を社会システムに活用するための準備の時間がないままに情報が流れてしまい，そのことが伝統的な社会風土・価値観の人たちが生活をする場の秩序を混乱させる大きな要因となり，こうした秩序の混乱が国・社会レベルにおいて表面化することがあります。

例えば、21世紀の今日の地球上に発生している宗教をめぐる葛藤はどうでしょう。日本社会において宗教上の混乱（仏教の宗派間の対立）は10世紀中ごろから12世紀中ごろまでの時代であり、17世紀の初めにキリスト教禁止といった時代があったものの明治維新によって宗教は自由となりました。ドイツにおけるキリスト教の改革（宗教改革）も16世紀であり、随分と時間が経過しているためか深刻な社会秩序に関わる問題を発生することはありませんでした。しかし、グローバリゼーションの進展、国際経済、社会情勢などに影響を受けた一部の宗教があり、その宗教に基づいて生活をする民族と他の宗教、民族との対立、弾圧から世界各地を流浪する人たちが発生しており、その人たちの受け入れ、生活援助など深刻な政治的、社会の問題を発生させています。

b．変化する社会システムへの対応—課題に対する認識—

　21世紀の社会を形成する背景にはグローバリゼーションの進展という現実の動きがあります。この動き、潮流は極めて急速であり、さまざまな影響を受ける国、地域社会、企業などの組織、社会を構成する一人ひとりが如何にして変化に対応し得る体勢を整えるか否かが問われることになっています。

　明治維新当時の日本は世界全体が大きく転換する時代より以前の時代であったがために、一部の有能なリーダーのリーダーシップによって旧社会のシステムを転換させることに成功し、近代的な社会を建設したケースといえます（前述）。ところが、現代社会はさまざまな情報が世界中に拡大し、情報によって政治経済、社会システムが動く時代になっています。したがって、いまの時代は国家も地域社会も、そして自治体、企業などの組織も、生活者の一人ひとりも変化し続ける社会への対応を求められているといえます。

　グローバリゼーション、技術革新、ICT技術の進歩といった潮流に対応するためには国家という組織、地域社会、自治体、企業などの組織が急速な変化に対応し得る体勢を確立しているか否か。そこで生活をし、労働に従事している人々が社会の変化に対応しているか否かが重要な課題になるといえます。

▶ 2．グローバル化の進展と形成される多文化共生社会

（1）多文化共生社会
a．グローバリゼーションの進展する社会の構成員

世界各地からの移住者が建国したアメリカ合衆国，イギリスの植民地から独立したカナダ，オーストラリア，ニュージーランド等も当初はイギリス本国からの移住者が中心の地域でしたが，近年になり世界各地からの移民を受け入れて建国した国々です。これらの国々は建国以来の多民族共生社会であり，多文化共生社会であるといえます。

　国内の混乱から1949年に成立した中華人民共和国は，多数の民族で構成される多民族国家であり，イギリス植民地から独立したマレーシアにはマレーシア人とさまざまな理由から移住した中国人，インド・パキスタン系の人たち，少数のヨーロッパ系の人たちが共に生活をする多文化共生社会です。あるいは多くの異なる文化，言語，生活スタイルの人たちから成り立っているインドなど，世界の多民族，多文化共生社会にはさまざまな形態，歴史があります。

　アフリカ，アジア各地に植民地があったイギリス・フランス・オランダなどには旧植民地から多くの人たちが移住をして生活をしています。近年，社会が混乱をしているシリア，その他の中近東地域から難民となった人たちが生活の場を求めて移住をしているドイツ，その他一部のEU（European Union）諸国も多文化共生社会へと変容しつつあります。グローバリゼーションの進展とともに先進工業国である日本のような安定した社会には，世界各地からビジネスや研究のためなどの理由から移住を希望する人たちがおり，近年になって急速に多文化共生社会を形成する過程にあります。

ｂ．多文化共生社会に生じている課題

　民主主義を標榜するアメリカ合衆国は奴隷解放運動を体験し，アフリカ系住民に対する差別を禁止する政策がとられてきました。しかし，21世紀の現在においても，アフリカ系住民に対するさまざまな事件が発生しています。国民の大多数が仏教徒であるミャンマーでは少数のイスラム教徒に対する弾圧があり，一部のイスラム教徒が難民となって近隣諸国に難を逃れるケースが発生しています。中国におけるチベット族とイスラム教徒，キリスト教徒に対する施策などは，建国以来の多民族国家であり多文化共生社会であった国々が直面している深刻な課題として捉えることができます。

　日本は経済発展し安定した社会であることが広く世界に知られたことから，世界各地の企業が進出しており，ビジネスマンと留学生，技能実習生などの来日とともに，日本社会で生活をする人たちが増加する傾向があり，多文化共生社会へと変化する萌芽がみられます。多くの民族，異文化に接する機会が少な

かった日本社会が直面している問題と課題はアメリカ，その他の国々が直面している問題や課題とは根本的に異なるといえます。

日本の状況を概観すると，東京都心のビジネス街という日常生活を送るうえで支障が少ない地域に外国出身者が居住する傾向があります。また製造メーカーが立地する地域には多数の外国出身者が居住する地域もあります。ビジネスの場では仕事を介しての人間関係，異文化間コミュニケーション能力が問題となり，これらは個々の企業が優先的に解決に努める課題といえます。ここで考えなければならない問題や課題は生活の場における日本人と外国出身者との交流，コミュニケーションをめぐる問題といえます。

(2) 多文化共生社会に近づくための対応
a．地球上に同質社会の国は存在するのか

日本社会を大和民族中心の単一民族の国であり，社会であるとの説明がなされることがあります。しかし，日本社会にはアイヌ民族がおり，中国人（華僑），朝鮮人（韓僑）が大和民族とともに生活をする社会でもあります。その意味では多文化とは言わないまでも，複数の異文化共生社会であるともいえます。

私達の社会を形成する重要な要素に，その社会の成員間のコミュニケーション手段となる言語がありますが，日本は近代化を推進する重要な政策として明治政府が学校教育制度を整備し，義務教育を普及させるとともに全国にコミュニケーション手段となる標準的な日本語を普及させた歴史があります。この近代化政策によって，日本国内に居住するすべての人が標準的な日本語によってコミュニケーション可能な社会を形成したといえます。

日本社会を他の多くの国々と比較するなら，単一民族や単一言語に近い国といえますが，多数の民族から構成される国では，例えば，インドでは最も人口比率が高いヒンズー語を公用語にしているとともに，国内に広く通用している英語も公用語として使われています。

建国の歴史が類似しているオーストラリア，ニュージーランドをみるとオーストラリアの公用語は英語のみであり，ニュージーランドは先住民であるマオリ族の言語と英語を公用語にしているといった政策の違いがあります。イギリス植民地から独立したマレーシアは先住民であるマレー系の人たちに中国系，インド・パキスタン系の人たちが共に生活をしていますが，中国系とインド・パキスタン系の人たちは母国の出身地によって言語，生活習慣が異なります。

また，ビジネスではコミュニケーション手段として英語が使用されており，日常生活ではマレー語，出身民族別の言語を用いて生活する傾向があると言われています。そのような状況と日本社会を比較すると，日本社会は特異な社会であるともいえます。

b．すでに多文化社会になっている国に学ぶ

多文化主義を標榜し，建国以来の移住者であるイギリス本国出身者と先住民であるアボリジナル（Aboriginal），トレス海峡島民（Torres Strait Islander）に近年はアジア諸国，その他の国々からの移住者が共に生活をする国家であるオーストラリアの取組みを概観してみます。

先ず，同国には市民としての義務が明確に定められており（すべての人は英語を国語として使用することなど），明確な理念に基づいた学校教育制度を整備しています。国外からの移住者，先住民に対しての英語教育は計画的に実施され，市民生活が可能な能力形成が行われています。そして，グローバル化，社会変革の潮流に対しての人的資源は高度な能力を保有する人材でなければならないとの観点から，資質の高い人材を移住者として受け入れる傾向があり，産業の場において，また広く社会において移住者を受け入れる風土を形成しています。

多文化共生社会を形成するためには，国家としての基本となる理念・方針を明確にし，各自治体においても国の理念・方針と同一の施策，取組みを行うことが基盤になるといえます。そして，学校教育の場において，あるいは労働の場においてもコミュニケーション用語となる言語の適切な教育の実施，社会と文化を学習する機会を整備するなどの取組みがなされていることが基本的な要件になるといえます。

▶ 3．多文化共生社会でのコミュニケーション

(1) 多文化共生社会とコミュニケーション

a．多文化共生社会のコミュニケーション

日本社会のように日本国の共通語である日本語を用いて，国内の全ての場や地域においてコミュニケーションが可能であり，人々が障害なく意思疎通のできる国は世界的には少ないのではないでしょうか。

国によっては，標準語が普及してはいるものの地方都市（地域）では地域独特の言語が用いられており，人と人との意思疎通が容易ではない国があります。そこで私達が社会の一員として生活をするためには，何が最も重要であり必要であるかを考えると，その国，社会で用いられている言語を理解し，背景となる文化を理解して人と人との交流ができることがポイントになると思われます。例えば，異文化社会で生活をするということは，仕事，あるいは大学等に通学するなど日々の買い物，食事をするという生活行動が中心になります。また学習した言語が適切に使用できないこともあります。職場であれば上司の指示と命令，同僚の言葉が理解できない場合もあります。外国語の能力，外国語を使用してのコミュニケーション能力は，さまざまな場面を体験して言語に対する理解が高まるものだといえます。

　多文化共生社会となれば，コミュニケーションの相手が互いに異文化からの移住者であることもあり得ます。したがって，多文化共生社会においては互いに誤解が生じないようにコミュニケーション能力を高める努力が求められます。

ｂ．社会基盤の構築とコミュニケーション

　「来日して約10年間働いていた職場は同僚とほとんど会話をすることがない職場であった」「来日して10年間も生活をしていてもほとんど日本語での会話ができない（コミュニケーションができない）」状態にあったという人物が犯した事件がありました。

　この事件を起こしてしまった人物が，来日してからただ黙々と仕事をするだけの毎日の生活を想像すると深刻です。10年間日本で生活をしていても日本語でのコミュニケーションができないということ，そして従事していた仕事の性格からか職場では会話ができない状況にあったのか否かはわかりませんが，終日会話のない生活を送っていたということは深刻な問題です。

　日本語の習得は労働者を受け入れた企業，あるいは組合などの団体が適切に実施する責任があります。多くの外国人労働者が生活をする地域の自治体などは，外国人に対して日本語，日本の生活文化の学習ができるように配慮すべきであることは言うまでもありません。労働の場において対話がなかったという状況はどうでしょう。たとえ仕事の性格上で終日にわたって同僚等と対話をする機会がない職場であったとしても，この職場で働く人たちが疎外感を抱くことがないような配慮がなされていなかったということです。これらの企業は日

本企業が体系化した小集団活動，後輩指導・育成のためのエルダー・シスター制度の導入，社内リクリエーションなどを実施するなど，職場管理に工夫が必要であるといえます（このことは本書の第1章を参照してください）。

　来日して10年も経っているにもかかわらず日本語でのコミュニケーションができないというケースを発生させないためには，自治会などの地域社会，企業などに異文化圏から参入した人たちが日本語や日本の生活文化を学び，日本社会を理解する場を用意し，積極的に日本人と交流をする機会を用意することが望まれます。

(2) 多文化共生社会の人間関係とコミュニケーション
ａ．常に意識しておきたい多文化共生社会での人間関係

　同じ文化をもつ人たちの社会で生活をし，同じ言語を用いて生活をしていても人を理解するということは大変難しいことです。十人十色といわれるように，それぞれの人は好みと趣味，考え方が違います。民族によっては，自己主張をするのがあたりまえの文化の国があります。そのような人たちを前にして"沈黙は金，雄弁は銀"という西洋の諺を信条にした生活をしていてはコミュニケーション能力を高めることはできませんし，ただ沈黙をしているだけでは人を理解するための学習にはなりません。

　多文化共生社会の一員であるためには，異文化の人たちは私たちが生活をしてきた社会や文化とは異なる体験をしていることをすべての人が認識をし，互いに尊重する風土が形成されていることが大切です。

　国と地域社会，個々の企業においても一人ひとりの構成員は，たとえ共通語である日本語をコミュニケーション手段として用いているとはいえ，出身地によって生活習慣が異なることは格別珍しいことではありません。多文化共生社会は外国から新たに参入した一人ひとりの構成員の言語，宗教，食習慣，生活習慣，生活体験などが異なり，価値観・意識の面においても一様ではないという現実を認識し，人を理解する姿勢，努力をすることが求められているのです。

ｂ．人間関係構築の要件

　新入社員教育研修の場で，職場では「報・連・相」が大事であることが説明されることがあります。ここでの「報」は報告を意味し，「連」は連絡，「相」は相談を意味しています。

　日常の職場においては上司と先輩，時には同僚に対して報告をする，連絡を

する,相談をするということが頻繁にあると思います。この報・連・相というコミュニケーションの行為は,観点を変えると人間関係を形成するための基本的な要件になるといえます。

　円滑な人間関係を構築するための要件は,先ず,組織の成員一人ひとりが心を開いて語り合える(open mind)状況にあるか否かということがポイントになります。コミュニケーションの手段が日本語であれ,英語であれ,互いに心を開いて語り合えることができなければ人間関係を構築することは難しいと思います。

　生育歴,成長した社会背景が異なる人たちとのコミュニケーションでは,困難な場面が生じることがあります。しかし,企業などのように達成すべき企業目標,部門目標が明確になっている場では,社会背景の異なる人が協力して組織目標を設定し,目標を達成するための円滑なコミュニケーションが行われることが目標達成のための要件になります。この円滑なコミュニケーションが行われるための要件が良い人間関係が構築されていることにあります。現代社会のように急速な変化があり,生活環境が変わったとしても社会,企業などの組織内の活発なコミュニケーションが良好な人間関係を構築するための要件になるのです。

▶ 4. 多文化共生社会に求められる異文化間コミュニケーション能力

(1) すべての人に求められるマインド
ａ. 現代社会―多文化共生社会―の状況を直視する

　いずれの国も農耕社会の時代には,人々の行動半径は極々限られた地域に限定されていました。工業社会になり,地域間,国家間の商取引が活発になるにともない,その商取引に関わる人たちの行動半径は地域を超え,時には国を超えて広がりました。そして脱工業社会,情報社会に入った20世紀後半から今日に至る間に,人々の行動半径はグローバルに拡大しています。

　安定した社会,高度に発達した産業を維持している日本社会には,諸外国から多くの人たちがビジネスと研究,あるいは学生として来日しています。かつての日本社会のように職場も,学校も,そして地域社会もがすべて日本人であるという時代ではなくなりました。

現時点においては，日本社会を多文化共生社会と位置づけるほどに日本社会が日本人と外国人とが共に生活をする場にはなってはいませんが，少なくとも日本人だけの場（地域社会，職場，学校など）は大変少なくなっているという事実は認識しておく必要があります。

b．多文化共生社会の構成員としての自覚

東京には日本全国の各地から多くの人が移り住んでいますが，都心のホテルなどに「○○県人会」といった集会の知らせを目にすることがあります。大学のキャンパスにも「○○県人会」の掲示を見ることがあります。

いずれの国でも県人会のように出身地の人たちが集まる傾向があり，出身地の人たちの絆の強さがあらわれていますが，この絆は大事にしつつも多文化共生社会では一人ひとりが自覚をしなければなりません。

それは自身の文化を大事にしつつも，生活の場である"ここの"生活文化を正しく理解し，異文化を尊重すること，そして理解する姿勢です。仮に自分の文化と歴史，民族は他に比較して優れているのだと唯我独尊，聞く耳を持たない態度であっては，多文化共生社会の一員として不適格者であることは言うまでもありません。

多文化共生社会は，いまここで生活をするすべての人が，心を開き，お互いの違いを認め，互いに謙虚にコミュニケーションの機会をつくることが期待されます。地域社会と職場，学校などで出身地の異なる人たちが分け隔てなく交流をする機会があり，フランクに話しあえる人間関係が形成されていれば，多文化共生社会の基盤が形成されつつあるともいえます。

(2) ここで求められる異文化間コミュニケーション能力

a．自国語でのコミュニケーション能力を向上させる

留学生として，あるいはビジネスマンとして外国で生活をした体験のある人は外国滞在中に，仲間の学生に対して，あるいは他の国からの留学生に対して，ロータリークラブで，さらには地域の人たちに対して自身の国，文化などについて紹介（スピーチ）したことがあるでしょう。

自身の国や文化などを30分，1時間と決められた時間内で簡潔に，要領よくスピーチすることは簡単なようで，実は簡単ではありません。私たちは案外と自身の文化，歴史，芸術に疎いのではありませんか。

日本人であれば，例えば，柔道，空手，剣道，合気道といった武道など，ま

た茶道，華道を体験しているなら，それを通じて日本文化を紹介する契機になるでしょう。

そこで，異文化間コミュニケーション，異文化間コミュニケーション能力を考えるにあたっては，先ず，自国の文化と歴史，芸術などについて学び，理解をしておくことが基本であることを認識しておくことが求められます。この基本がマスターできていれば留学生に対して，あるいは隣人となった外国人に対して容易に自国を紹介することができるでしょう。

外国人から話しかけられた際に，外国人が話す国の言葉を理解できなかったということもあります。しかし，日本社会であるならば公用語は日本語です。したがって，生活者である外国人であるなら日本語でのコミュニケーション能力を習得することが必要と思われます。この点は忘れてはならない大切なポイントです。

b．異文化間コミュニケーション能力を向上させる

異文化社会間コミュニケーション能力に関して，最も時間をかけて学習するのが外国語を習得するための時間です。日本人の多くは，日常生活において目にする新聞や雑誌，耳に入る人々の話し言葉の大半は日本語であるというのが一般的だと思います。

地域によっては多少の方言があったとしても，日本語のみで生活ができる社会にあっての外国語学習は容易なことではありません。しかし，異文化間のコミュニケーション手段としての外国語（英語と第二外国語として学ぶ外国語）の理解力を向上させることは極めて重要であることは言うまでもありません。

国際語としてあらゆる場面で必要とされる英語，中国大陸をはじめ各地で使用されている中国語などは，すでに日本社会において随分と学習する場や機会があります。グローバル化の進展にともなって多文化共生社会を形成するためには，多くの日本人が国際語である英語，あるいは接する機会の多い中国人と交流するための中国語などを積極的に学習することが極めて重要になっているのです。

■参考文献

H・パッシン著，国弘正雄訳（1969）『日本近代化と教育』サイマル出版。
岡本秀昭・平野哲夫・岩内亮一・辻勝次・小林正夫・梶原豊・俵実男・小山田英一（1971）

『産業訓練百年史―日本の経済成長と産業訓練―』社団法人日本産業訓練協会。
日本文化会議編（1983）『国際誤解と日本人』三修社。
栗本一男（1985）『国際化時代と日本人―異なるシステムへの対応―』日本放送出版協会。
IHI・石川島播磨重工広報部編（1985）『ザ・日本語』学生社。
城山三郎，エズラ・F．ボーゲル（1991）『日米互いに何を学ぶか』講談社。
渡辺利夫（1999）『現代アジアを読む―テキストでたどる錯綜のアジア―』PHP研究。
海野素央（2003）『異文化ビジネスハンドブック―事例と対処法―』学文社。
橋爪大三郎（2013）『世界は宗教で動いている』光文社。

第6章 グローバリズムと地域文化の独自性

市場社会，リージョナリズム，ローカリズム，骨抜き，クロスドレッサー

▶ 1. はじめに

ここで取り組む課題は，地域とグローバリズムです。

ボーダレスという言葉を聞いたことのない人はいないでしょう。さまざまな境界が無くなって，自由にモノやヒト，情報，富が行き来する状態を指すものですが，とりわけ近年ではTPP（Trans-Pacific Partnership：環太平洋経済連携協定）をめぐる事象に端的にみられるように，「関税障壁」を無くすという意味合いで使われる機会が増えたようです。

例えば，文化人類学には，経済人類学という分野があります。経済を「生産，流通，分配」という分野だけに限定した学問ではなく，効率性や利便性を考えるものというわけでもありません。モノに関わる権利移転，空間移動が生じる際に，それがどのような文化脈絡内に位置付けられているのかを考える学問分野です。まずは遠回りのようですが，この学説からみてみましょう。

▶ 2. 経済の三つの統合パターン

経済人類学の先駆と言われるカール・ポランニーは，ハンガリー生まれの経済史家です。若きケインズを誰よりも評価していたといわれます。

一般にポランニーといえば『大転換』が有名ですが，ここではその遺稿を門下生ハリー・ピアソンが編集した『人間の経済』を中心に考えてみます。この

中でポランニーは経済という現象を，社会に「埋め込まれた」ものと考え，それ自体を個別分野であるかのように扱うことを「経済唯一主義」と呼んで徹底性を欠くものと考えます。「物的な欲求を満たそうとする相互作用の制度的過程」をサブスタンティヴな経済と名付け，こちらの分析が後に経済人類学と名付けられることになりました。

ここでいう「制度」も，法制度のような条文化されたものでもなく，物のやり取りに定型化された行動パターンが共有されている状況をいいます。わかる人には「文化」といえば，話が通じる場合が多いでしょう。「文化」といって，「文化勲章」「健康で文化的な生活（憲法条文）」のようなイメージしか浮かばなければ，生活世界のあり方と言っておきます。

その行動パターンは3つに分類できると，ポランニーは言います。「互酬制」「再分配」「対外交易」です。

最初の「互酬制」とは，同じようなものを交換し合う関係をいいます。貰い物を「おすそ分け」すると，別の機会に似たようなものが返ってくる場合がそれにあたるでしょう。リンゴを「おすそ分け」すると，数週間後にお菓子をいただけたりします。ニーチェやモースのような人々も，貰いっ放しでは「気づまり」だからだという意味のことを書いています。次の「再分配」とは，さまざまな物を一か所に集めたのちに全体に配分するやり方で，税の流れを考えるとイメージが掴みやすいでしょう。ただし現行の税はすべてが「お金」なのでピンときませんが，物品であれば，特産物が全体にわたっていく過程，例えばミカンが育ちにくい北海道や東北地方にも配分される効果が期待できます。

そして，「対外交易」が自分たちとは異なる慣習法を持つ人々との交換を意味します。一定の境界を挟んで，その内側と外側の間で「需要と供給」に似た関係性が生ずる場です。もちろん，すべてが貨幣価値に換算されるわけではありません。これを物々交換と考える人がいますが，経済人類学は物々交換の存在は認めていません。ある者A（集団でもいい）が別の者Bとの間でCを交換するとなると，対価物Dを以て当たる必要があります。このCとDが私たちからは物と物の交換のように見えるだけで，同じ人物同士でもEを交換するとなると，Fが対価物になり，場合によっては交換する時期や場所が異なることも。交換がすんでもAとBがアカの他人となるわけではなく，むしろこの交換が関係性開始を意味することが多いのです。ある目的を達成するための貨幣が，一律に設定された貨幣ではなく，状況によって，交換の場の性質によっ

て異なることは実はよくみられることなのです。これを目的限定的貨幣とポランニーは名付けました。

そして全目的的貨幣や為替市場を自明視している私たちのような社会のことを，ポランニーは"市場社会"と名付けています。一般に経済学で考えられる社会はこの市場社会のことであり，3つある経済の統合パターンの一つが肥大し，自律運動を開始した社会だと考えます。非市場社会では，一般の生活と「市場」での生活が分離しています。使用言語さえ異なる場合もあります。得体の知れない人物や集団と関わりたくないからでしょう。

そのわかりやすい例が東京都渋谷です。渋谷はきわめて大規模な繁華街ですが，渋谷川から西に駅が建てられ，さらにそこから西側だけが繁華街に変貌しました。渋谷川から東側は住宅地でした。どんな悪い人が来るかわからないような駅や繁華街など，「川向う」に追いやってしまったことが原因です。これが功を奏したのか，今でも渋谷に遊びに行った人々のほとんどは，駅を降りて西側（ハチ公側，モヤイ像側）に向かいます。ちなみに渋谷川は，現在では暗渠化され，外に出てくるのは駅から明治通りを南に少し行ったところからです。土地勘のある人は，明治通りに沿って流れていると考えるとわかりやすいでしょう。明治通りよりも東側が，遊びの場として楽しくてしょうがないという人は稀です。

現在の盛り場渋谷のあり方は，日本にもまだ非市場社会的な色彩が濃厚だったころの名残とも言えます。「親戚づきあい」「近所づきあい」が薄れていく過程で，日本にも市場社会的な思考体系が備わり始めたと考えられるでしょう。

全目的的貨幣に基づいた需要・供給のバランスや，価格決定のメカニズムだけを経済と考えた場合，「経済」など存在しない社会が現在でもたくさん存在することは日々のニュースを見ていれば理解できます。

ボーダレスとは，こうした意味での「一般的な生活」と「市場での生活」のかつては存在していた分離が撤廃される，あるいは生活に直接の影響を及ぼさないまでに薄らいだ状況であると想定できます。境界とは何も地所に限定されたテーマではありません。

▶ 3. 境界創造行為

　グローバリズムが展開し，人々を隔てている「境界」は無くなってしまったのでしょうか。表向き，無くなってゆく方向にあります。アラビア社会でコーラが飲まれ，寿司やラーメンが大好きなアメリカ人が「本場」を目指して日本にやってきています。

　しかし，実情はどうでしょう。地球規模の経済システムが成立してゆく過程で，自らの立ち位置を定めるためもあり，さまざまな次元で境界作りが行われているのが現状です。民族対立，宗教対立はテロリズムも生み出すような激しいものになっています。いじめや○○ハラスメントだってテロリズムとした方がわかりやすい。1980年代半ばから突如大きく成長したこの暴力形式は，それ以前にあったような学生運動や内ゲバ，まして「弱い者いじめ」や「嫁いじめ」とは全く異なります。あくまでも任意の人格に仕掛けられたテロリズムだと考える方が実情に即しています。こうした暴力形式が日常化したからこそ，それが肥大化して，国家を標的としたテロリズムへと変質するのです。爆弾がさく裂しなければテロリズムではないなんて考えでは，何も理解できないでしょう。恐怖によって他者を支配する行為こそがテロリズムだからです。

　つけ加えるならボーダレスだから，ホームグローンでないかぎり，日本にもテロリストが侵入する可能性はきわめて高くなりました。観光客誘致政策が裏目に出ないことを。

　つまり，現在では境界などは可能な限り，どこにでも設定できるということになります。非市場社会では，境界は渋谷川のように，固定された存在でした。その境界に人々を拘束する力が薄らぐと，今度は自らがいろいろな次元で境界創造を行います。この逆説。なんともヒトは実に面倒な生き物ですね。

　一般にこうした境界が設定されると，「内」は善，浄，秩序などのプラス的価値を帯びた用語で埋め尽くされ，逆に「外」は悪，不浄，混乱などのマイナス的価値で語られやすくなります。「内」には「家族」が頻繁に用いられます。これまで見てきたドラマやアニメで悪役が登場するもので，「悪」の側の家族がどれだけ描かれているか思い起こしてみましょう。驚くほど少ないはずです。万一描かれていたとしても，そこにある愛情は歪んだものとして描かれるはずです。裏を返すなら，例えば報道ドキュメンタリーなどで「犯人の家族」が描

かれたりすると，「この番組はこの人物を好意的に描こうとしているな」と予測がつくわけです。

ただ，こうした状況はある種の経済機会を生み出しました。境界を越えることで生じる価値は，かつては専門的商人の行う技の賜物でありました。そこの地域では産出できない物品を仕入れることで，仕入れ値よりもかなり多額の利潤を上げることができる。商業の鉄則です。これが全く別の形式の境界が生まれたことで，人によってはただならぬ利潤が期待できる舞台装置になる。

例えば，雪国体験ツアーを考えてみましょう。雪国出身の人の中には，雪かき，雪下ろしが大嫌いという人がいます。重いし，雪かきした傍から降り積もる。幹線道路に面していたためブルドーザーが出動して，道路に降った雪を家の前にどっさり置いていく。玄関前に置かれた雪は各家庭で処理するのが暗黙の決まりです。こんな生活したくないから東京で生活し始めたといっても，あながち間違いではない人が少なくないと思います。事実，過疎化に歯止めがかかりません。その中には，雪から逃げたい人も多いでしょう。

しかし，こんなことにお金を払って体験したがる雪国以外の人々もいます。ツアーは，こうしたところにも生まれるようになりました。以前であれば，雪の降らない地方の人でも，働かされた上にお金を支払わされるといってツアーなど成立しなかったのです。ワーキングホリデーのように，労働と娯楽の境界をめぐる感性の，何か重要な部分が変化したのでしょう。

▶ 4. セクシャルマイノリティと文化

非市場社会的な境界ということであれば，その中でも最も歴史を持つものの一つ「新宿異性装社会」を事例として取り上げてみましょう。その前にちょっとした整頓をしてみます。

東京都の新宿2丁目を中心に，性的少数者，セクシャルマイノリティが集まるスポットが多いことを知っている人も多いはずです。"ニチョーメ"はその象徴的語彙として定着したようです。こうしたことの実践経験のない人，あるいはそうした人が身近にいない人はリアリティがないまま，テレビをはじめとするマスメディアの垂れ流す"オネエ"なる一部現象を以って全体像だと考える傾向が強いはずです。動作に男っぽさがなく，女性言葉を遣い，頭の中はい

つも男性の事ばかり，いざとなったら男っぽく凄んでみせる，口だけは達者。正直言って，2丁目でこのようなイメージに完全に沿った人を捜し求めることはなかなか難しいのです。「一般社会」がそうであるように，この世界もきわめて多様です。マスメディアでこうしたイメージが膨らまされるのも，このようなオトナになると，笑いものになったり，余計な苦労を背負うことになったりするというネガティブなメッセージを発信したい，というのが基本でしょう。セクシャルマイノリティと「家族」が同じカテゴリーに括られにくいことも背景にはあります。その意味で，現時点でもっともマスメディア登場率の高いGID団体が「GIDの子を持つ親の会」であるというのは象徴的です。

　インドには"ヒジュラ"という，女装した元男性たちの集団があります。男性でも女性でもなく，ヒジュラはヒジュラという言い方で，「第3の性」と考える人もいます。古くはバフチャラマータという女神を祀るカースト的なものでした。建前上は，半陰陽の集団ということですが，自らの意志で去勢をしたうえで「加入」する者も多いといいます。農村部では崇められる存在ですが，都市部では日常的に石を投げつけられたり水をかけられたりと，虐待を受ける存在です。にもかかわらず，祭礼現場では重宝されるというから，勝手なものです。彼女らは共同で生活をします。その単位のことを"ファミリー"といいます。「人間扱い」されないヒジュラたちが自意識だけでも"人並"になろうとする意志の表れでしょうか。

　LGBTという言葉を聞いたことのある人は多いでしょう。セクシャルマイノリティ，すなわち，レズビアン，ゲイメン（日本では「ゲイ」を男性同性愛者に限定して使用する傾向がありますが，本来は両性を含むニュアンスが強いのです。男性に限定する際にはこの言い方を用います），バイセクシャル，トランスの頭文字を取ったものです。こうした人々も含む，市民社会が許容する性のあり方（「ストレート」という）から逸脱する人々を「クイア」と呼ぶことがあります。

　LGBまでは基本的に性対象の問題といっていいでしょう。ただ，ここにTを入れた瞬間，事態は一気に複雑化します。トランスとは，性別越境のことで，自分の持って生まれた性別とは異なる性への移行を模索する人々や行為を指します。大雑把には，衣類の越境はトランスヴェスタイト（クロス・ドレスとも言う），社会生活の越境行為をトランスジェンダー，外科手術や場合によっては法的な性別変更を手段とする越境行為，当該者をトランスセクシャルと分類

しておきます。

　このような人に出会ったことがあります。戸籍は男性，普段は女性服を身に付けている。性対象は女性であり，自己認識も女性である。したがって，彼女の頭の中では，自分はレズビアンだと考える。異性装の認識は小さい。だから恋人がなかなか見つからないと語っていました。単なる女装男性の性パートナーの件と考える人の方が多いかもしれません。しかし，そのように考えるのは，何もストレートの自意識を持つ人々だけではありません。アメリカでは次のような事件が起きています。

　女性に移行した元男性を恋人に持つ男性が，その同僚から不信心を理由に殺害されました。数多くの人権団体，中でもゲイメンの人権団体の声明が大きく取り上げられ，彼女は恋人を失ったと同時に男性視されるという，二重の苦汁を嘗めることになりました。しばらくはマスメディアも彼女のことを表に出さず，殺害された男性の母親が人権擁護のデモに参加したり，公演を行ったりなどの記事が大きく扱われました。つまり一般社会はもとより，同じクイアに分類される同性愛者の権利擁護団体でさえ，トランス女性のアイデンティティを認めたがらないということです。「クイア」の世界は，外から見ていてはわからないほどに細分化しており，同じ細分的な組織に属している者同士でないと，なかなか「他」の人々と共感しづらいメンタリティが成立しています。そもそも「クイア」など，自らが名乗った名称でも何でもない。一般社会が勝手に排除して，勝手に一枚岩と見なしているだけなのです。

　その図式の中では自分も蔑まれる身でありながら，カテゴリーの異なるセクシャルマイノリティを「クイア」扱いする。こうしたことが積み重なり，「ストレート―クイア」の図式がますます強化される。セクシャルマイノリティをめぐるややこしい状況の基本構図はこのようなものです。きわめて「政治的」な現象といえましょう。

▶ 5. 新宿異性装社会

　具体的に考えてみましょう。
　新宿は世界にもその名がとどろく盛り場です。ここに遊びに来た数多くの人々は，恐らくは駅と伊勢丹の間を行き来して，ときおり歌舞伎町周辺にも足

を延ばしたりして「新宿」を体験する。少し土地勘が出てきたら，伊勢丹交差点よりも「奥」の方で楽しみを見出す。新宿1，2丁目はビジネス街とも言えるくらい，昼はネクタイ姿のサラリーマンやOLが数多く行きかいます。これが夕方以降，とりわけ2丁目はその雰囲気を変え，週末ともなると，実に多様な人々が街にあふれます。

アメリカで発行されたある観光ガイドブックには，「If you are gay-boy, go and enjoy Shinjuku 2-chome」とあります。聞くところによれば，新宿2丁目は世界一のゲイタウンだとか。よくマスメディアでアメリカのことを「ゲイの本場」と表現する傾向がありますが，ご存知のようにアメリカは州によって法律も異なる「合州国」です。セクシャルマイノリティに対する法的立場にも，処遇にも180度異なる対応の仕方が見受けられるのが現状なのです。「パッチワーク的」と表現する者もいます。新宿2丁目は単位面積当たりの店舗数，店舗の経営モチーフの集中度が世界では類を見ないほどに群を抜いているといいます。

この2丁目を中心に，とりわけ週末にはゲイと思しき人々が街を歩いています。もちろん，一口にセクシャルマイノリティといっても，多様であることは疑いありません。例えば，南関東を中心とした地域で発行されている「ヤローページ」というフリーペーパーの表紙には，3人の男性イラストが描かれています。左の男の子はスポーティな短パンスタイル，真ん中には勤め人(サラリーマン)風，右側には自由業的なヒゲの御仁が立っています。しかし，新宿2丁目の交差点には，「エイズ検診を受けましょう」という看板があり，ここに描かれる男性イラストでは「短髪，小太り」というステレオタイプで描かれています。だれの眼差しで絵が描かれているか，文が書かれているかを，とりわけマイノリティ問題に関しては，注意深く観察してゆく必要があります。

こうした世界とは異なる世界観をもつコミュニティを形成している社会があります。仮に「異性装社会 cross-dressing society」と名付けています。一般には"女装"と考えるでしょうが，一般女性は日常的に女装しています。言葉を正確に用いようとすると，こうしたことも大きな問題として扱う必要があります。

新宿には数軒の「着替え部屋」が点在します。といっても，看板を掲げている部屋はまずありません。ビルの一室や集合住宅の一部屋にあり，事情を知らない人には全くわかりません。そのほとんどが会員制を採っており，月会費で

運営されます。中に入ると，たくさんのロッカーが立ち並び，奥にはドレッサーも数個，置かれています。もっと奥にはシャワー室やトイレが。

　ここはトランスの一つ，クロスドレッシング実践者のための貸しスペースなのです。会員になりさえすれば24時間使用可なので，例えば新宿で終電に遅れたとか，天候異常などで電車がストップしたりした場合の避難所としても利用できます。近年では，セクシャルマイノリティに対する偏見も以前と比べればかなり小さくなったためか，こうした着替え部屋のお世話にならなくとも実践できる人も増えてきました。確かに，男女二分法ではなく，男女がグラデーションのように繋がる性別観が展開しつつある現在，男性がスカートを履いたり，化粧をしたりする"タブー感"は以前と比べても，大きなものではなくなりました。

　コスプレの流行も，性的二元論が相対化される傾向に拍車をかけた一因だと考えています。「女装」ではなく，「あのキャラクターになっているだけ」という認識でしょう。

　ただ，こうしたクロスドレッサーたちが一つの集合現象を作り上げていることも現実です。「クオリティの高い」クロスドレッサーが好きな男性の存在も，この社会を形成する重要な要素です。近年では，「本音で生きている」人としての記号的意味も強調されているようです。

　この一帯には，「女装バー」というジャンルの店が数軒あります。(男性)店員が女装しているだけではなく，男性客の少なくない人も女装しています。多くの店で女装男性は女性料金が適用されます。ある店ではスカートを履いて，化粧していれば「女装」と見なすとのことです。

　もちろん，彼女らの特徴を一言でまとめることなどできません。自分のどこをどのように異性化するのか，その異性化は性別の転換なのかずらしなのか，異性化ではなく「本来の自分に戻る」行為なのか。個々人でその基準の取り方そのものが大きく異なるというのが実情です。だからこそ，実践者は「自分だけが作り上げた世界」に嬉々として自分を没入できるのです。だからこそと言うべきか，傍観者には得体の知れない人物と映る可能性はあります。実践者と個人的な面識がない人であれば，なおさらでしょう。

　都市伝説に近いものですが，このようなエピソードがあります。ある実践者がとあるビルの屋上で友人たちと遊んでいました。この光景を見た近所のビルにいた人が，警察に「女子高校生が虐待されている」と通報しました。ここか

らがより「伝説」色が濃くなりますが，現場を聞くなり，警察側は「ああ，そこは大丈夫です」と返したといいます。私はこの方を個人的に知っているので，「なるほど，ありそう」と思うだけですが，「引いてしまう」人も多いのではないかと推測します。

こうして，「一般社会」と異性装社会との心理的境界が形成されます。どちらの側にも日本人がほとんどですが，「同じ言葉」を遣う人同士の間に線引きができています。一応は新宿2丁目という「地域」のように見えながら，心に投影した形（ゲシュタルトという語で理解できればそちらが便利）は全く異なります。「一般社会」にはただの他人の群れに過ぎないかもしれませんが，当事者にとっては多次元的な意味をもつ「場」として映っているでしょう。

まさに問題は，だれの視点からの，だれのロジックでできた現象なのかということになります。

6．リージョナルとローカル

グローバル社会という語はよく耳にしますが，では，その対になる語は何か，あまり議論はなされないように思えます。グローバルを全体・中心として捉えた場合，部分は何かという問題です。単なる「その他」ではないでしょう。

ここで，その「部分」が全体・中心に対して従属的か否かを問題にします。

英語の語感がこのようである保証はありませんが，ローカルという語は多分に中央従属的であるように思われます。中心地に高い価値を置き，ローカル（地方）はそれよりも低い価値しか認めない発想があります。ローカル線，ローカルな話題，ローカル局などは，ワンランク下の事象として認識される傾向が強いでしょう。ある地域では，標準語のことを「いいことば」と称することがあります。「『カジョワリ』は，いいことばでは『恥ずかしい』になる」というように。では方言は「悪いことば」でしょうか。小さいころから疑問に思っていたことの一つです。方言を使用する当事者自らが自分たちの文化を本当に「価値の低い」ものとして考えているなら，それはローカリズム的思考法といえましょう。

スマートフォンが出現して以降，それまでの携帯電話のことを「ガラケー」と呼ぶようになりました。「ガラ」とは"ガラパゴス"のことです。進化から

取り残されて，グローバルには通用しないシステムの謂いです。日本をローカル化する物言い以外の何物でもないでしょう。ガラパゴスのペンギン，ゾウガメ，イグアナなどに対しても失礼な話ですね。どこをグローバル的中心と考えているのかは，明白です。しかし，スマートフォンがここまで普及してもガラケーに復帰しようとする人の多さは何を意味するのか，じっくり考えてみるべきでしょう。そのほとんどの人が「使い勝手」をその理由にしています。

これに対して，リージョナルという語をあててみます。そこには中央を意識しながらも，独自のロジックを持ち，状況によっては自らを中央よりも高い価値に位置付けようとするロジックが見られます。前項でみた新宿社会はまさに，自らのロジックだけで動いています。それどころか，「一般社会」通念をひっくり返して自分たちのロジック強化に利用する指向が見受けられます。

例えば，ある着替え部屋の入り口には，「あぶないので入ってはいけません」という工事現場で見られる看板が貼り付けられています。アニメ的な絵で工事関係者と思しき男性が「待った」をかけている。会員さんの中にそのような職業の人がいて，持ってきたのでしょう。工事現場にあればそのままの意味ですが着替え部屋の一角に貼られた時，自分たち（の一部）を，距離を置いてパロディ的に見る視線が際立つ。「あぶない」の意味も根底から変化しています。

あるお店の経営者は，「人生谷あり谷あり」という名文句を残しています。ある男性客は「仕事と恋愛は家に持ち込まない」という言葉を自らのモットーとしています。通り名を変えた女装男性の一人が元の名を呼ばれた時，「それは旧姓」と訂正しました。

「一般社会」に直に抵抗するのではなく，その事象を自分たちの世界に取り込み，自らのロジックに沿った形に変形する。「骨抜き」にしてしまうのです。こうした強かさがいたるところで観られるのです。単に「自分（たち）はおかしい」とか「一般社会の方が間違っている」とか，過剰に卑下するわけでもなく，居丈高に「一般社会」を否定するわけでもありません。両者のロジックを知悉しながら，「一般社会」ロジックを自らのロジックへと解体してしまう。

彼女らの社会に触れながら最も感心したことでもあります。

では，私たちの身の周りではどうでしょう。TPP，ハロウィーン，ディズニーランド，スターウォーズなど。アメリカの事象を規範として日本の文化を破壊する傾向にはなっていないのでしょうか。意外にも日本的な取り込み方をしている面があります。ハロウィーンの仮装者は，渋谷川から東側に出かける様子

はありません。そのあとやってくる復活祭や感謝祭には見向きもしません。日本独自の「カワイイ」価値観とは触れ合わないからでしょう。信仰とは全く関係のない単なる「仮装の日」にしてしまいました。実に日本的です。

　明治維新のころ、まだだれも機関車を知りませんでした。工場もないので、全国の小規模な鍛冶屋に部品の発注をバラバラにしたところ、出来上がったそれらを組み立ててみたらちゃんと動いた、というエピソードがあります。職人気質の文化ができていて、そのロジックが新たな「機関車という新奇なもの」を取り込んでしまったのです。ただし、ハロウィーン参加者も維新時の鍛冶屋も共に、その自覚はありません。TPPもうまく日本土着の発想法を活かすことができる方向で運営してほしいものです。

　グローバリズムとは無自覚に中心勢力に膝を屈することではありません。ここでいうローカリズムではなく、リージョナリズムを作り上げるためには何が必要なのか考えてみることで、臆することなく「世界」と対峙できるはずです。確実に時代はそのような方向に動いているようです。

■参考文献

石川武志　1995　『ヒジュラ――インド第3の性』青弓社
市川浩　1993　『〈身〉の構造――身体論を超えて』講談社
カリフィア，P. ほか　2005　『セックス・チェンジズ　トランスジェンダーの政治学』作品社（Patrick Califia, Sandy Stone, 竹村和子，野宮亜紀　1997, 2003 "Sex Changes Transgender Politics（2nd edition）"）
日本ことわざ文化学会　2014　『郷土とことわざ』人間の科学新社
ポランニー，K.　1980　『人間の経済』玉野井芳郎，栗本慎一郎，中野忠訳　岩波現代選書（Karl Polanyi　1977 "The Livelihood of Man" Harry W. Pearson (ed.) Academic Press, Inc., New York）

第7章 就職・結婚・家庭生活とライフスタイル
— 就職・結婚・家庭生活を送っている先輩からのメッセージ —

 ワークライフバランス，ダイバーシティ，モチベーション，コミュニケーション

▶ 1. はじめに

「素敵な人だな」「あんな風になりたいな」と思える人があなたの近くにいますか？　身近な存在の人はもちろんのこと，駅ですれ違った人でもいいのです。あなたに刺激や安らぎを与えてくれる人。そんな人に気づくことが日々の生活に潤いを与えてくれます。

本章は，現在の状況が充実そのもの！という人よりも，むしろ「何がしたいのかわからない」「充実しているけれど何となく不安」「希望の会社に入ったけれど予想と違った」「周囲とのコミュニケーションが難しい」と感じているあなたに読んでいただきたいのです。常にポジティブで生きるのは素晴らしいことです。でも人生は思いがけず様々な事が起こります。そんな時には勇気を持って立ち止まる。そして地球儀をクルッと回すように自分を客観的に見てみると気づくことがあるはずです。

案外，人は逞しく強いものです。ただちょっとした気づきと工夫が必要なのです。周囲との関わりで悩んだら，言動や行動を少しだけ変えてみませんか？自分が変わることで周囲が変わることもあります。限りない可能性と未来ある皆さんにしてほしいこと。まず自分を知り「今の自分の思考や感情」を把握しましょう。そして困難に出会った時はどう対応したらいいのか，きっと答えは一つではなくいくつかの方法があるはずです。決めつけや思い込みはしないでください。そのためには日頃から自分を客観視する習慣を身につけることがとても重要です。

仕事を持ち，1つの企業や職業でキャリアを蓄積し成果を上げ地位を築くのも仕事人としての生き方です。それとは異なるキャリアを経ている私が皆さんに伝えられることは何か？　仕事人としてだけでなく皆さんより少しだけ経験を重ねた私は，生活や仕事をする上での「潤いのエッセンス」を伝えたいと思います。皆さんの大切な人との関係やビジネスの場で何らかのヒントとなり，皆さんの豊かな心の形成につながることを祈って。

2. キャリアデザインは十人十色

　就職活動中の皆さんは「自分にはどんな仕事が向いているのか」自身に問い，そのためにデータやSNSを駆使して情報収集していることでしょう。将来を決める第一歩ですから真剣勝負ですよね。かつて就職活動時，女子学生には就職氷河期と言われる時代がありました。一体何がしたいのか？　何ができるのか？　答えを出せないまま就職活動に突入し仕事は何のためにするの？　食べていくため？　自己の成長や喜びのため？　社会貢献のため？　と悩んだ学生は多かったでしょう。私自身も疑問ばかりでした。今後皆さんに大切なのは「自律」ではないでしょうか。経済的な自立だけではなく自分で考え判断し決断すること。その序章を大学で学んできた皆さんがいよいよ実践する場が社会。ただ現代社会の難しさは，氾濫する情報からいかに自分が必要且つ正確な情報を入手するか。手段は数多くありますが，自分の判断基準をどこに置くのかがポイントです。時には自分の考えやSNSの情報だけでなく，対話によって自分の基軸を確認することも忘れないで下さい。

　筆者は大学入学を機に地方から上京しました。教員免許を取得し地元で就職するのが親との約束でした。しかし公務員採用試験に失敗し民間企業に就職，結婚，出産，専業主婦，2度の再就職を経て今日に至っています。職歴は航空会社，住宅会社を経て現在は百貨店グループ会社で社内外の様々な教育に携わっています。就職時は全く考えもしませんでした。予想外のことが次々に起こり，自分の思った通りにならないのが人生です。しかし自分の強い意志と少しの勇気があれば，不安な転機の度に思わぬ人の一言が背中を押してくれることもあります。まずはやってみて上手くいかなければ視点を変えて再度トライ！人生はまさにPDCAサイクルです。

▶ 3. 仕事を選ぶ基準は何？

　IT関連企業で入社2年目のSEにコミュケーションセミナーをした時の事。活発な意見交換が飛び交う同期社員の雰囲気が心地よく，人事担当者に採用基準を尋ねました。「SEだからといって理系にはこだわりません。興味さえあれば理系文系は問わず仕事はすぐに覚えます。それよりも興味がなければユニークなアイデアも浮かばないし，仕事に喜びを見つけられない人がお客様を感動させる作品なんて生み出せないですよ」とのコメントに納得しました。
　会社を選ぶ基準がわからないと悩むなら，その会社や商品に興味があるか？会社の姿勢や顧客イメージは？　ホームページの会社概要を確認するのはもちろんですが，社員と話をする機会を得ることも重要です。会社によって，社員の呼び方，電話応対，文具や清掃に対するコスト意識から所作や言葉遣いに至るまで，社風は社員に驚くほど影響しているものです。
　自分の五感を信じて，実際に社員から企業風土を肌で感じ取ってください。会社訪問の際は自分のメリットになる条件だけに集中しないことです。その会社の空気を実際に感じて下さい。企業風土はやがて皆さんのDNAの一部になるかもしれません。仕事を選ぶ方法の一つは興味と言いましたが別の視点で選ぶ方法もあります。

▶ 4. 私の職業体験から学んだこと・学んでいること

(1) 私の職歴は

　新卒で入社したANAでは「無形のサービス」を体験しました。約9年間，国内線客室乗務員として勤務し出産を機に退職。専業主婦を3年経験した後に再就職したのは木造住宅会社の住友林業でした。営業サポートの仕事では図面上から建築物に変化する「無形のものを有形にする」仕事に携わりました。そして現在は三越伊勢丹ヒューマンソリューションズ（三越伊勢丹のグループ会社で採用・教育・労務管理担当）で「有形のもの＋無形サービス」を提供する教育グループに在籍しています。教育内容は販売スキルアップや接遇マナー，ビジネスコミュニケーション，マネジメント，カラーコーディネートや新入社

員研修など多岐に渡り，企画やインストラクションを社内外で実施しています。

異なる業種で仕事をしてきた私が，今だから気づくことが多々あります。自分の強みや得意なことは意外と自分では気づかないものです。実は苦手だと思っていたことが案外良い結果をもたらすこともあるのです。目の前のことに真剣に取り組むことで，意味や理由が後から理解できることもあります。与えられたミッションに正面から向き合い無我夢中で取り組んだ結果，知らない自分に出会い，更に可能性が広がることもあります。

(2) ANAのDNA

最初に入社したANAは，「チームワーク」「熱意」「行動力」の言葉が浮かぶ明るい社風でした。入社研修は早朝マラソンから始まり過酷でしたが，辛かったのは2か月間の乗務前研修でした。

多くの人が飛行機の旅で浮かぶのは，きっと機内サービスだと思いますが，訓練で叩き込まれるのは第一に「保安」です。モックアップといわれる機体模型で緊急時を想定した訓練が続きます。乗客を安全に避難させる人命救助。命を守るための使命感を叩き込む訓練は教官も必死です。一度飛び立った航空機は他者に頼れない運命です。目的地に無事に到着する「あたり前」を粛々と遂行する。「あたり前」は日々の地道な努力の継続から生まれます。日常の幸せも共通点があるように感じます。あたり前のことができる喜び。皆さんも時々考えてみませんか？「あたり前の幸せ」って何でしょう？

(3) 想像力の大切さ

サービスに関して，猪突猛進の私はうっかりミスが多く「そのトレーの持ち方ではお客様に火傷をさせてしまいます」「エレガントに歩いて」と厳しい指導を教官に毎日受けました。そんな日々が2か月過ぎてやっと乗務開始の日を迎えることができました。当時は乗客500名以上が搭乗可能な2階建てのスーパージャンボと2基のエレベーターが装備されたトライスターが新入CA(キャビン・アテンダント)の訓練機でした。汗だくで乗務する私は，お客様の「頑張れ」と言わんばかりの無言の励ましの眼差しに何度も助けられました。

また機内には様々な事情や目的で乗り合わせるお客様がいます。早朝の札幌便での体験でしたが，ビジネスや旅行の乗客で賑わう機内で声をかけられたことがありました。「またあなたに会えたわね。やっと退院できて自宅に帰れる

のよ」確か数週間前にご家族と乗務していたことを思い出しました。私は心から「よかったですね」と喜びました。

　一方で涙をハンカチで覆う方にはお気持ちを察しそっと見守るしかできないこともありました。お客様の利用目的はさまざまです。私たちの日常生活において，あるいはビジネスの場においては，事情を知った時点で表情や言葉には細心の注意を配らなければならないこともあります。自分には経験がなくてもお客様の心を想像して心に寄り添うことが人として大切なことだと学びました。「相手の立場になる」ことは相手の状況や気持ちを想像することから始まるのではないでしょうか。

(4) 責任感の大切さ

　機内客室の責任者であるチーフパーサーの際の「可能な限り機長に客室の問題で手を煩わしたくない」というCA魂を先輩から教えてもらった貴重なビジネスマインドとして今でも念頭においています。CAという仕事は地上にいる他部署の人たちにすぐに助けを求めることはできません。ここでの体験がタフマインドの形成に役立っていると痛感しています。ビジネスの場でのクレームは正直辛いものですが，問題提起のきっかけでもあり感謝すべきものということを私はCAの仕事を通じてお客様から教わったという思いを持っています。CAが常に緊張するのは急病人への対応です。機内を見回るのはリクエストを受ける以外に乗客の安全を守る上でも大切な任務になります。問題発生前に予防策を講じるリスク・マネジメントはどの仕事でも共通項といえます。乗客全員が出発時と同じ状態で目的地に到着する。最後のお客様の後ろ姿をお見送りする時が一番安堵する瞬間でした。

(5) 育児と再就職するまで

　私がANAに勤務していた時期にも育児休暇制度はありましたが，出産を機に退職を選択しました。私にとって子供との時間は喜びの瞬間の連続でしたが，初めての子育ては不安な日々でもありました。私が結婚を機に居住した地域には土地勘もなく友人もいませんでしたが，区の児童館に顔を出すうちに同世代ママと知り合いになりました。地元通の存在は心強いものでした。子育ては楽しく一日があっという間に過ぎる毎日でしたが，仕事を離れて初めて「仕事がしたい」気持ちに駆り立てられたのも事実です。個人差もありますが，私の場

合は仕事を離れたからこそ、仕事の魅力を再認識できたように思います。

　私は自分に何ができるのかと自問自答を続け何度も諦めかけました。しばらくして見つけた解答が、育児中でも自宅で学べる資格は将来きっと役に立つと考え宅地建物取引士の資格取得を目指すことにしました。育児をしながらの勉強は想像以上に苦労しました。子供から目が離せないために子供が寝ている間が学習時間となり、眠い目を擦りながらも資格を取得し、娘が3歳の時に木造住宅会社の住友林業で働き始めました。夫が娘をケアできる週末のみのアルバイト勤務からスタートしましたが、育児を伴う再就職はパートナーの理解が不可欠です。その後、更に勤務日数を増やしたいと考え、区立保育園の入園希望を出しましたが、案の定、待機待ち。数か月後に保育園への入園が決まり週5日勤務に移行しました。周辺で延長保育をしている保育園は限られており、自転車での長距離送迎は大変でしたが、自身の体力増進や子供と集中してポジティブに受け止めることにしました。

　仕事のチャンスを掴んだものの、住宅建築の知識はゼロであり、見るもの全てが初めて知ることばかりでした。「子は鎹」の「かすがい」は木造建築が語源ということさえ知らない状態でしたが、建築や法規に接することは新鮮で、建築に関する知識の乏しい私の質問に対して営業や設計担当者が真摯に答えてくれたことや学ぶ姿勢を支援してくれた環境に対して今でも感謝の気持ちを持ち続けています。

　住宅取得は人生で何度もない高価な買い物であり、お客様と話す内容は間取りや外観デザイン、建設地の有無や入居時期、家族間の問題、そして予算と、広範囲の問題解決に取り組むことになります。営業活動を他社よりも一歩でも早く着手するためにはお客様の本音を早期に聞き取ることが重要です。その本音を知るにはどうしたらよいのか。女性客と話すきっかけになりやすい話題は内装と気づき、インテリアコーディネーターの資格勉強を始めました。ところが試験にはパースや図面を書く必要もあり自力では困難なので、京橋の一角にある設計事務所に通う時間を捻出し何とか取得しました。

　また税金の軽減措置や資金調達などに興味を持つお客様の信頼を高めるためにファイナンシャルプランナーの資格を取得しました。給与や地位向上、または興味で資格や語学の勉強をする人もいますが、私の場合は出遅れた業界知識を学び最新情報を得るために資格試験に挑戦しました。資格取得は努力も必要ですが、自信になり生活に直結することも多く役に立ちます。その後、本社で

人材育成の業務に就き，全国の支店に出張する機会を得て地域性や県民性の理解を深めるこができました。デスクワークやビジネスマナーを本格的に学べたのは住友林業での経験であり現在の仕事に大変役に立っています。

(6) ワーク・ライフ・バランスということ

　最近，子育て事情の変化を感じます。近隣の保育園では「イクメン」らしきパパたちが愛おしそうにわが子を送迎する光景を目にします。子供への愛情と妻への優しさは素晴らしいと思います。今後も核家族化や女性のキャリア重視，ダイバーシティ化の企業組織や雇用体系などから，男性の子育て参画は必須であり重要な課題だと思います。もちろん女性が出産して仕事をするのは必須ではありませんが，出産前の仕事をやり続けたい女性もいるのは事実です。

　個々の家族に関してのことではなく社会全体で労働人口の減少について考えると，女性のワークライフバランスと心豊かに子育てができる環境の整備は，社会にとって急務であると思います。女性のワーク・ライフ・バランスは出産を伴うこともあり，心豊かに子育てができる社会環境の整備が急がれると思います。育児経験を経た私は，数年前からは遠距離介護の問題にも直面しています。行政サービスと企業の労働規約を鑑みながら，仕事との両立が現在の私のミッションになっています。今までは知らなかった制度やケアマネージャーの存在に助けられています。支援を求め積極的に行動すれば何らかの方法が見つかると実感しています。これから社会に出る世代の人たちがマネジメント層になった時，働く事を続けたい人に対してフレキシブルな働き方ができる制度の設定，人材を活用する仕組みを構築してほしいと思います。

▶ 5. 生活を潤すエッセンス

(1) 価値観について

　自分自身の価値観とはどのようなものなのでしょうか？
　現在大学生である私の娘が高校生の時に，フランスの交換留学制度でお互いの家を数週間ホームステイする機会がありました。少女を受け入れた我が家は決して広くないマンションです。当然，17歳のフランス人の少女マノンに1人部屋の提供は不可能でした。娘が床に寝てフランスの少女にベッドを譲り，

日本の生活を体験してもらうことになりました。この時の体験は大変こともありましたが貴重であり，それ以降の価値観の多様性を家族で考える機会を与えてくれました。

　フランス人は個人主義と言われます。強い自己主張をします。疑問に思えば即「なぜ？」と尋ねる生活姿勢には当初は戸惑いもありました。彼女は帰宅すると，毎日リビングでノートに白い面が見えないくらいぎっしりと眠る直前まで日記を書き留めており，将来は作家になることを志望していると話していました。夕食の後は自室にこもらず，家族と語り合うというフランス流の生活スタイルを実践していました。彼女のリクエストで秋葉原や富士山，夜の東京タワー，浅草にも足を伸ばしました。そこで彼女が目を丸くして驚いていたのは電車の車内の光景です。乗客がバッグを開けたまま熟睡していることやスマートフォンに夢中なこと。スマートフォンの視界は周囲の状況が見えません。保安上の問題や他の乗客の邪魔になっていても気づかず，しかも優先席なのにもかかわらず高齢者に席を譲らないことにも「日本の良さ」との矛盾や疑問が尽きないようでした。更におみやげ売り場では，東京タワー型の容器のミネラルウォーターを手に取り「この値段の価値があると思う？」との質問には驚きました。自分にとって本当に必要か？買い物に多くの時間をかけて選ぶ姿は，エコ意識や調度品などを何代にも渡って使い続けるヨーロッパ文化の一端を知る機会になりました。

　そんな彼女が日本で一番美味しそうに食べていたのはゴマ塩をかけた白米です。ラーメンや回転寿司も喜んでいましたが，お気に入りは白米とゴマ塩でした。

　その後，東日本大震災直後の渡仏で不安な気持ちだった娘を，フランスでマノンの家族全員が気遣ってくれました。心から感謝した記憶が今でも鮮明に残っています。

　今後更なるグローバル化の社会を生きる若い世代の皆さんには，言葉の壁よりもまず感情の壁を取り払うことが重要であると認識してほしいと思います。そもそも島国の日本と陸続きの国々とでは歴史的な背景により，考え方や言語の違いが大きいことは言うまでもありません。しかし，異文化の人々と日常生活を共にすると空気や肌で自然に感じることが沢山あります。完璧に言語を理解し合うことも重要ですが，相手が何に疑問を感じているのか。何が楽しくて嬉しいのか。悲しいのか怒りを感じるのか？これは外国人に限らず人とコミュ

ニケーションをとる際にも大切なことです。そして，SNSだけに頼らず思い切って多くの人たちと接して肌で感じて感性を磨き，コミュニケーション能力を高めることが大事な生き方になるのではないでしょうか。

（2）仕事で心掛けている優先順位と劣勢順位ということ

　筆者の朝はコーヒー豆をガリガリ挽くことから始まります。この音に家族からクレームが出ることもありますが，この響きで頭と体が目覚めてきます。と同時に一日のスケジュールを描きます。通勤時，付箋紙に気づいたことを書き会社に到着したらパソコンや手帳に張り，実施後は線で消して「うっかり」の性格をカバーしています。優先順位の高いものから記載していきます。しばらくたって「今じゃない！」と判断したら順位を下げます。人が物理的にできることは限られています。許容範囲を超える前に劣勢順位をつけるようにします。オフィシャルとプライベートを勘案して，数か月パターンの長期的な内容と一日の短期的な内容に分けます。イレギュラーが起こる度に付箋紙は貼り替えの連続です。優先順位にこだわり続けず，時に思い切った劣勢順位の見直しを行うと俯瞰的な思考になります。以前，市販されている「やるべきことリストメモ」を購入しましたが一日で嫌になってしまいました。義務感の「べき」の文言が辛くなったのです。心の中で「やったほうがいいリスト」と名付けています。それだけのことですが何故かホッとします。ちょっとした言葉遣いでモチベーションは変化し気持ちも前向きになります。

（3）工夫次第でモチベーションアップ

　情熱や熱意を演出したいなら赤やオレンジの暖色系。冷静沈着を表現したい，落ち着きたいと思うなら寒色がお薦めです。モチベーションコントロールは思考や言葉だけでなく色も関連してきます。感情のコントロールは学生の頃から意識したほうがよい習慣です。辛いことに遭遇した時，折れない心を持続させるにはどうしたらよいのか。人間が本来持ち得る「回復力」「復元力」「適応力」などを養う「レジリエンス」が話題になっています。自分の評価を書き出すなどの習慣も有効ですが，筆者が意識的に心掛けているのは思考の工夫と感情コントロールです。言葉は思考になり行動や習慣に発展します。よくポジティブ思考を続けろと言われますが，気分が落ち込むこともあります。そんな時は「今日は落ち着いている，今日は冷静だ」と自分に言い聞かせるのです。「せっか

くだからじっくり考えることをやろう」とか，心許せる友人と会って話をするのもよいでしょう。ポジティブ思考を身に着けるためには，今の自分がどのような状態かを客観的に把握することが必要です。そして心許せる友人を持つには，相手にとっても皆さんがそんな存在になってほしいと思います。学生時代の友人は何十年経っても変わらない存在です。長いブランクがあっても相手を責めることもなく見栄を張ることもなく自然体で接することができます。社会人になると同業種の付き合いに偏りがちですが，学生時代の友人から多角的なアドバイスを受けたり，友人からの何気ないひと言が心の救いになることもあります。数少なくていいので長く付き合える友人を大切にして下さい。

　心と同様に体のバランスを整えるためのお薦めは，姿勢よく美しく歩くこと。スマートフォンを見ながらうつむいて歩く姿勢を見かけますが，危険ですしもったいない。表情はコミュニケーションのチャンスにもなるのです。私たちは怖い表情の人に話しかけますか？表情や行動を変える気持ちさえあればモチベーションはコントロールできるのです。

(4) コミュニケーションで大事なこと

　話を聴く時には相手の話に集中する。共感してスピードや表情に合わせて伺う。三越伊勢丹では店頭でお客様との会話を重要視しています。お客様に楽しく話していただくことは，ひいては根拠ある商品提案と顧客満足に結びつきます。情報取得がスピーディかつ膨大な現状だからこそ会話が新鮮なアイデアを生むのです。WEBサイトで購入すると，後日お薦め商品が提案されますが，それはあくまで購入履歴からの提案です。人にしかできないことは喜びを伴う新しい提案です。最近コミュニケーションの場面で気になることは，話を聴く際に無表情な人が増えたこと。個々に話すと考えも思いも十分主張があるのに，特に集団での意思表示を拒む人が多いのです。SNSが原因なら残念です。限りない可能性を秘めた素晴らしいツールに翻弄されることなく，その便利なツールは本来の価値を活かして使いこなしてほしいものです。

　対人コミュニケーションが苦手な人は棚に「〇〇コミュニケーション」の本が並び，ロジカルシンキング，アウトライン化，アサーションなど会話で実践している人もいるでしょう。テクニックの習得は必要ですがテクニックだけに頼らないでほしいのです。相手との親密性や心を添わせた言葉の選び方，表情を添わせることを忘れずにコミュニケーションを心がける。大切なのは相手の

言葉をどう受け止めるか。自分の受け止め方と思考の転換によって会話の方向性が大きく変わります。実現不可能と思えるミッションも，できない理由の言い訳よりクリアポイントを熱意と共に説明すれば支援に変えられるのです。

(5) マナーは何のためにあるの？
　就活や社会人1年目には必須アイテムとしてビジネスマナー本を手にした人も多いはずです。ところでなぜマナーが必要なのか理由を考えたことはありますか？　例えば，なぜ会社訪問でカバンは通路に置かずに自分の足元に置くのでしょうか？　周囲への気配りがマナーの基本です。美しい所作も大切なポイントです。床の物を拾う時でも背筋を伸ばしてさりげなく拾いサッと立ち上がる姿は素敵ですね。会社共用の引き出しや棚の中は次に使う同僚のことを考えて下さい。内容の把握も一目瞭然で最終的にはお客様をお待たせしません。マナーの理由と必要性が理解できれば自然に身に付き，何より記憶に残ります。

(6) 残り香が素敵なひと
　イスを利用した後，元の位置に戻していますか？　机を移動させた後，次の利用者のことを考えていますか？　研修や会議の後の状況を見て人の内面を感じることがあります。お世話になった方やクライアントに感謝のメッセージを伝えていますか？「貴重なお時間を頂きありがとうございました」というお礼のメールや電話がタイミングよくできる人は意外に少ないものです。アフターケアができる人は残り香があり，「また会ってみたい」と思わせる魅力ある人だと思います。そんな人にはご縁は自然に生まれると実感します。

▶ 6. 終わりに

　人の個性を香りに例えてみましょう。香水をつけた直後のトップノート，数時間後のミドル，そしてラストノートがあるように香りは自分の香りと混じり合ってオリジナルの香りになります。人も様々な人と出会い困難に遭遇し悩みながら力を尽くし乗り越え，熟成していくように思います。イライラや悩みが生じたら「心を広くしなくては」と無理せずに解決の度に心のヒダが増えると考えてはいかがでしょう。結果的に表面積も広がります。

冒頭に「素敵と思える人はいますか？」と尋ねました。まずは素敵な部分を真似てみて自分流に変えて，やがて誰も真似することができないあなただけのオリジナルのブランドを創り上げて下さい。

謙虚さと好奇心を忘れずに。そして少しの勇気を持ち一歩でもいいから前に踏み出してみませんか？　迷ったら止まって深呼吸。その繰り返しは，きっとあなたの心をより強く逞しくしなやかに変化させていくことでしょう。まるで木の枝のように。栄養分を注ぎ蓄えつつも，時には風まかせも意外な展開になることがあるかもしれません。思い通りにならない状況下でも「どうせ」と決めつけず，しなやかな柔軟な心を持ち続けてください。そんな枝からどんな花が咲くのでしょうか。どんな実が成るのでしょうか。
皆さんの未来は未知数です。

■ 参考文献

畔柳　修（2012）『職場に生かすＴＡ実践ワーク』金子書房
久世浩司（2014）『リーダーのための「レジリエンス入門」』ＰＨＰビジネス新書
榎本博明（2015）『モチベーションマネジメント』産業能率大学出版部
ダニエル・ピンク，大前研一訳（2010）『モチベーション3.0』講談社
岩田　松（2013）『ブランド』アスコム
フレデリック・ファンジェ，高野優訳（2014）『自信持てない人のための心理学』紀伊国屋書店
平木典子（2007）『自分の気持ちをきちんと＜伝える＞技術』ＰＨＰ研究所

第8章 女性のキャリア形成と就業意識の深層

Keyword　ワークシェアリング，ワークライフバランス，M字型就労パターン，U字型就労パターン，性別役割分担

▶ 1. はじめに

「女の子には出世の道が二つある。立派な職業人になることと，立派な家庭人になること。職業的な達成（労働市場で自分を高く売ること）と家庭的な幸福（結婚市場で自分を高く売ること）は，女性の場合，どっちも出世なのである」（斎藤美奈子　2000）。

1985年に男女雇用機会均等法が成立し，女性の労働力率が上昇する中で，今後，女性の社会進出は確実に進んでいくでしょう。一方で，近年，若年女性の間で専業主婦願望が強まっているということがしばしば指摘されています（内閣府，『2009年版男女共同参画白書』）。

しかし，現実に目を向けてみると，厳しい経済状況の中で共稼ぎ世帯が増えており，かつて「永久就職」といわれた結婚＝専業主婦の道は今や狭き門であることは明らかです。このような状況下，若者の危機感が乏しいことを懸念する声も多く，「幸せな専業主婦になるという展望は次第に現実性を失いつつある」（山田昌弘　2001）という指摘もなされています。職業人としての女性の社会進出は，かつて女性の地位向上のシンボルとして持て囃された時代を経て，今や生きていくために必要な手段の一つになってきています。現代の女性には，まずこのような状況を見つめ直し，自分自身のキャリアプランに対して長期的な視野にたって向き合う事が求められています。

本章では現代女性を取り巻く雇用状況を理解した上で，実際に働く女性たちの心理的側面にも焦点を当てながら，女性のキャリア形成について考察してい

きたいと思います。はじめに雇用・就業状況への理解を深めるのに有益な統計データを参照し，女性を取り巻く雇用環境を概観していきましょう。さらにその特徴を把握すべく，他の先進国との比較を通して日本の女性が置かれている雇用状況や諸問題を浮き彫りにしていきます。同時に忘れてはならないのが，女性自身の意識についてです。多くの女性がキャリアを形成する上で直面する仕事と家庭，特に育児との両立の難しさについて語ったいくつかの事例をとりあげたいと思います。彼女たちのつぶやきの声を聴くことによって，現代女性が直面している心理的葛藤，不安，ディレンマを理解することができるとともに，女性の役割そのものが抱える矛盾がみえてくるはずです。最後に女性の就業意識を中心に就業を促す取り組みの可能性について論じたいと思います。

2. 女性雇用の現状

　第二次大戦後の日本の産業別就業者構成をみると，農林漁業等の第一次産業に従事する人の割合が減り，製造業の割合が上昇しました。さらに，1970年代の半ばころから，第三次産業の卸売・小売業やサービス業の割合が高まりました。この産業構造の変化に伴い職業構造も変化し女性の就業機会が拡大しています。そのようななかで，女性雇用者数は年々増加しており，総務省の労働力調査によると平成24年の女性の雇用者数は2,357万人となりました。同年の全雇用者数に占める女性の割合は42.8％と上昇傾向で推移しています。
　しかし，この女性雇用者数増加の背景には，近年の女性の非正規雇用者数の増加という現実があり，雇用環境は不安定な時代であると言わざるを得ません。厳しい経済情勢が続く中，多くの企業は人件費削減や雇用の柔軟化のために非正規雇用者を増やしているのです。

(1) M字型就労パターン

　さらに，その雇用形態をみてみると，結婚，特に出産を機に多くの女性が離職しており，いわゆるM字型就労パターン「図8-1」といわれる断続的な働き方が優勢であることが知られています。これは，30代で雇用を一旦中断し，出産・育児が一段落するとパートタイム労働者として再就職するという日本女性の働き方の特徴を表しています。平成24年の女性の労働力率を年齢階級別

にみると,「25〜29歳」(77.6%)と「45〜49歳」(75.7%)を左右のピークとし,「35〜39歳」(67.7%)を底とするM字型カーブを描いています。

このM字型曲線は決して女性のキャリアに共通するパターンではありません。多くの主要先進国は1980年代頃からM字型就業から脱却しています。すなわち,出産・子育て期も継続して働く女性が増加して男性の就労パターンに似た逆U字型へと変化してきているわけです。

図8-1　女性の年齢階級別労働力率

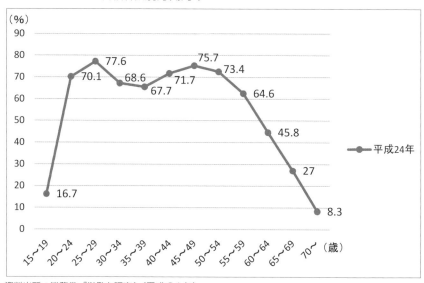

資料出所：総務省『労働力調査』(平成24年)

(2) 保障されていない日本のパートタイム労働

日本女性のM字型就労パターンが示唆する問題点の一つは,2つ目の山の中高年女性の働き方にあります。子育てが一段落したころに再就職しているものの,大半が家事・育児と両立させるためにパートタイム労働者として就業しています。その場合,賃金は低く,また単純労働を強いられたり,社会保障が適用されないなど,正社員に比べて労働条件が劣悪であることがしばしば指摘されています。また日本的雇用慣行は,終身雇用そして年齢と共に賃金がアップしていく年功序列を前提にしているため,この中断再就職コースはキャリア形成において大変不利な選択となります。仮に正社員として働き続けた場合と

の生涯賃金の差は，2億円以上になると言われています。

1990年代に入ると，正社員並みの働き方を求める主婦パートの「基幹化」が始まっています（本田一成 (2010)）。企業は優秀な主婦パートをいかに育てるか，いかに確保するか，いかに増やすかを追求しています。主婦パートの実態をみると，企業は「基幹化」の名のもとに正社員と同じ仕事と責任を主婦パートに押しつけながら，一方で社会保障料を負担することなく低い賃金で雇用しています。これは主婦パートへの新たなつけ込みの温床になっているとの指摘があります。このようなつけ込みを防止するよう「パートタイム労働法」が2008年4月に改正されましたが，改正法には10万円以下の罰金が盛り込まれただけで，十分な罰則とはいえません。また，現実には労基法を軽視する企業が後をたたないといいます。パートタイムは企業側だけでなく，労働者にとっても多様な働き方の選択肢の一つとして労働時間を短縮できるという点でメリットはあります。しかし，このようにパートタイムの「基幹化」が始まったなかで，一刻も早いフルタイムとの「均等待遇」の実現が求められます。

実は，パートタイム労働者が多いのは日本だけではありません。EU諸国の中には非常に多くの雇用者がパートタイム労働者として働いており，中でもオランダはその割合が高いことで知られています。

(3) オランダのワークライフバランス

オランダのパートタイム労働者の比率は，女性が8割，男性が3割とパートタイム労働で働く人が非常に多く，EU諸国の中で男女ともに高い水準で「パート大国」とよばれています。これは，景気対策として推進されたワークシェアリング，すなわち「仕事の分け合い」をするパートタイム労働者の増加によるものです。オランダでは，1970年代に景気が低迷する中，失業率が上昇しました。政府はパートタイム労働に関しては失業率を抑制するための手段として積極的に推進してきたのです。

またオランダでは労働法によってフルタイム労働者とパートタイム労働者の賃金・年金・昇進などの格差の撤廃が義務付けられています。すなわちフルタイムとパートタイムとの雇用待遇の均等化が図られてきたので，基本的に両者の違いは労働時間が長いか短いかだけです。

オランダでは6歳以下の子どものいるカップルのうち，両親共に働いている割合は59.6%と高く（厚生労働省『世界の厚生労働』(2004年)），その背景には，二

人で1.5人分働くという考え方が広まりつつあるといいます。収入面では減収となるものの、労働時間を短縮した分、夫婦で子育てをするなど家庭での時間が増えることになります。正規雇用のパートタイム労働者として働きながら夫婦で子育てをしているわけです。これは同時に、ワークライフバランス実現に向けて、ジェンダー視点の働き方を見直す際の政策に反映されてきたことを物語っています。

(4) スウェーデンのワークライフバランス

スウェーデンは他の北欧諸国同様に男女平等化が最も進んだ国の一つとして知られています。NGOのセーブ・ザ・チルドレンの母親指標「Mother's Index」によるとスウェーデンは母親が子育てしやすい国として常に上位にランキングされています。

スウェーデンと日本の家事・育児時間を比較してみましょう。スウェーデン（2000/2001）の女性の平均家事時間は、5時間29分、育児2時間10分であるのに対し、男性は家事3時間21分、育児1時間7分となっています。男性は女性より短いものの、日本と比較すると歴然とした差があります（Eurostat "How Europeans Spend Their Time - Everyday Life of Women and Men" (2004)）。総務省の社会生活基本調査（平成13年）によると日本の女性の家事時間は7時間41分、育児3時間3分であるのに対し、男性は家事48分、育児に至っては25分と極端に短いのです。

これは日本の男性の働き方と密接な関係があります。ワークライフバランスの観点から日本のサラリーマンによる過度の長時間労働が問題視されています。また厚生労働白書や労働力調査などからも明らかなように子育ての真っただ中の年代に相当する20代後半から30代の男性は、他の年齢層よりも労働時間が長いことが分かっています。総務省の労働力調査（2008年）によれば、子育て世代男性（25〜44歳）のほぼ5人に1人（19.2%）の労働時間が週60時間以上となっています。多くの母親が育児期に離職してしまう中、この世代の父親は重い経済的責任を一人で負うことになるのです。

▶ 3. 女性の就業意識のつぶやき

これまで見てきた通り、多くの先進国では、以前はM字型の就労パターン

を描いていたものの，現在は出産後も働き続ける逆U字型に移行しています。一方，日本の場合，M字型の落ち込みが浅くなってきているものの，未だにM字型曲線を描いています。すなわち，多くの日本女性は30代の出産・育児期に退職するという二者択一の選択が求められているわけです。こういった状況の背景には「男は仕事，女は家庭」という性別役割分業意識が根強く残っていることを示唆しています。

したがって，本節では仕事と育児に焦点をあてて，当事者である女性たちの生の声を拾い上げて彼女たちが直面している諸問題を具体的にみていきたいと思います。統計では把握できない女性の心理的側面に焦点を当てることによって女性の就労意識を掘り下げて考えてみましょう。

2009年4月からNHK「ETV」で放映中のネットドキュメント番組「青春リアル」の中で取り上げられた「仕事と育児の両立の難しさ」について考察していきたいと思います。「青春リアル」は，一般視聴者より募集された16～29歳のレギュラーメンバーが，それぞれが抱える悩みをネット上で討論しています。さらに，カメラでメンバーがいかに問題を解決していくかを描くドキュメンタリー番組でもあります。その中から，ハンドルネーム「プラス」が問題提起した「結婚して出産する女性は，＜仕事への理想＞を捨てなくてはなりませんか？」をみていきたいと思います。これは2011年5月4日から2011年6月29日の約2カ月に亘って9人のメンバーがネット上で語り合ったものです。

もちろん，日本女性と言っても，その価値観や考え方，またライフスタイルに至るまで非常に多様で，一括りに「女性」ということばで論じることはできません。したがって，ここに登場する女性が日本女性を代表しているというつもりは決してありません。しかし同時にこれらは実際に女性としての生きづらさを感じている生身の声でもあります。また，本節に登場するメンバーには，キャリアウーマン，主婦，学生，そして男性まで含まれており，非常に幅広い属性を有するものが一同に会して討論しています。実際に考え方の相違から衝突したり，齟齬をきたしており，多様な価値観をもつ人たちの間で交わされた意見のやり取りは「リアル」でもあります

はじめに，トピックを提供したハンドルネーム「プラス」の発言を紹介しましょう。なお，スペースの関係上，コメントの一部を省略していますが，その際は「……」という形で示しています。

プラス　東京都 27 歳 女性 医師
トピック「結婚して出産する女性は，＜仕事への理想＞を捨てなくてはなりませんか？」

「私は，医師になって4年目。早朝から深夜まで仕事をすることも多いし，休みがとれないこともあるけど，やりがいはあるし，好きな仕事だし，続けていきたいと思っている。ただ，今後，どういう医者を目指すのか，と考えるときに，女性であることを考えてしまう。男性の医師を見ていると，結婚して子どもがいても仕事をバリバリやっている。男性は，仕事を選択するときに，男性だから，と考えることってあまりないと思う。女性はいつも女性として生きることが付きまとう気がする。というか，女性であるということを考えないと，仕事の選択ができないのだろうか。私は，結婚して子どもも欲しい。人まかせではなく育児もしたい。でも，やりたい仕事もしていきたい。両方は難しいの？」

「プラス」は，さらに次のように続けています。
「子どもを産むだけ産んだら，女性の責任も果たしたし，仕事バリバリやります。子どもをおざなりにしてしまうけど，仕事頑張りたいです。…とは思わないよ。だから悩むんじゃん。 私だって子どもの成長には，寄り添っていたいし，大事な時間だから一緒に過ごしたい。 でも子どものせいで仕事を諦めるわけにはいかない。 子どもとしても，自分のせいで仕事を諦めたとか言われたくない。 子どものことは一番に考えたい。 それは絶対そうだ。」

ここで重要なのは，この女性は職場と家庭での役割を両立させることが難しいという性役割葛藤のディレンマを抱えているだけではなく，性役割を非常に強く内面化しているからこそ深刻な心理的葛藤や不安を感じているという点です。
女性が抱えるディレンマについて「二つの領域（家庭と職業）の間のディレンマの構造は複雑である。それは主に，女性にとっての「職業」の意味が，制度的価値体系に統合された一貫性を欠いているがゆえに，逸脱から奨励にいたるさまざまな意味付けが時々の状況によって付与されるからである。」（波田あい子（1995:152））との指摘があるように「働く女性」に対する評価はアンビバレントで不確かなものであり，それ故に多くの女性は葛藤を抱えながら生きています。例えば，「キャリアウーマン」という言葉一つをとってみても，コ

ンテクストによっては，その存在を囃したてることもあれば，皮肉交じりに使われることもあります。

こだっち 富山県 28 歳 女性 製薬会社社員
「"結婚"や"出産"を見過ごしちゃうほど，それこそ命の次くらいに，仕事を大事にして生きている女性は沢山いるんだよ。そこのところ，分かってほしいと思うんだよね。」

結婚して子供を持つのが「女の幸せ」であるという社会的・文化的な固定観念に真っ向から挑戦するコメントであるといえるでしょう。女性の価値観の多様化を意味すると共に女性にとっての仕事の意味の変化を物語っています。職業には経済的要素，社会関係的要素，そして自己実現的要素の3つがあるといいます（金谷千慧子 2011）。おそらく「こだっち」にとっても仕事は単なる生計の手段にとどまらず，社会とのつながりを意味し，そして何よりも自己実現を図るうえで重要な意味を持つものであると考えられます。

こだっち 富山県 28 歳 女性 製薬会社社員
「そりゃあ，男性も今の時代，子育てや家事をやらなきゃって意識が高まっていて，昔よりはずいぶん男性も協力的になったんだと思う。でもちょっとしたことで夫婦の役割の"差"見たいものがでてくるのを感じる。例えば，家庭持ちの女性は子供を送り出してからってことになるから，遅めに来る人も多いんだけど，男の人でそういう人ってとても少ない。朝早く会社に来てれば偉いと思っている人もいて，そういう人って朝ごはんとかゴミだしとか誰がやってるのか，考えたことあるんだろうかって思うし。子供が病気したときもそう。大抵はまず，一番に子供の為に有給いっぱい休むのは大抵奥さんから。こうやって書いていると，やっぱり家庭の為に仕事を犠牲にするのは大抵奥さんの方だと思う。私はいくつかの職場を体験しているけど，こういう微妙なところはどこも同じだったよ。」

・専業主婦願望
　一方で，女子大生の「ゆみ」は専業主婦になりたいと述べています。彼女のコメントをみてみましょう。

ゆみ 東京都 21 歳 女性 大学生
「私は前に「将来結婚して子どもを生んだら，旦那さんに養ってもらって子育てに専念すると思う，仕事よりも子育てを優先したいから」って言ったけど，私の周りにいる知り合いが比較的すぐ結婚する傾向にある気がするから，だから私も専業主婦になることに抵抗があまりないのかもしれない。あと私の父はめちゃくちゃ亭主関白な人なのだけど，「働くのは男の役目，女は家を守っていればいい」っていう考えの人だから，若干それに洗脳されてるっていうのも私が潔く仕事よりも専業主婦を選ぶ理由の一つなのかも。」

　上述したように，近年，若年女性の間で専業主婦願望が強まっているといいます。その理由としてあげられるのは，労働環境の問題，それに加えて困難な社会進出をあえて望まなかった女性自身の「意識の問題」があると指摘されています（白河 2010）。

・男らしさを「演じる」
まる 埼玉県 27 歳 女性（パート）主婦
「旦那と昨夜ね，旦那が『働いていて男らしさを感じた瞬間』の話をした。旦那は家族を養うって事を目の当たりにした時に，男らしさを感じたんだって。毎月頂く給料明細の『扶養』の欄を見て，自分は家族を守らなくてはいけないって感じたそう。私が退職して旦那の扶養になった時には，あまり感じなかったらしいけど，息子が生まれてから扶養の欄に『2人』って書いてあるのを見て，『俺が守るもの』って男らしさを実感したんだって。初めて聞いたよ，こんな話。」

　まさしく，一家の大黒柱であるという伝統的な性役割分業意識を表現したコメントですが，このように「男らしく」（あるいは「女らしく」）振る舞ってはじめて自己を肯定的に感じるものなのです。すなわち，男性は「男らしく」，女性は「女らしく」振舞うことで社会的に適応していると感じ，それが心理的健康に結びつきます。自己評価が高くなるだけではなく，世間からも「男らしい男」として認められるわけです。ここに性役割を変えることの真の難しさがあると考えられます。
　一方で，このような「男は仕事，女は家庭」という性役割分業意識が根強く残っている社会において，女性が企業内で強い上昇志向をみせたり，熾烈な競

争に勝ち抜こうとすると，その努力は「女らしさに反する」とみなされるリスクに晒されます。さらに，「母」という顔を持つ子育て期における女性にとっては，自己評価も他者評価も非常に低くなりうるというディレンマが生起される可能性が高くなります。社会的な性別期待や自分自身の性別規範に向き合った時，大変複雑な心理的葛藤が生まれるわけです。

・母性強調
まる 埼玉県 27 歳 女性（パート）主婦
「子供が求めてるのって母親の声とか体温とか本能で感じる部分なんだよ。とくに具合が悪い時や，いつもと環境が変わって不安になった時。いつも以上に私を求める。近くにパパがいても，大好きなじいちゃん・ばあちゃんがいても，真っ直ぐに向かって来るのはママの私なんだ。そんな子供たちを目の当たりにしてね，どうしてもバリバリ仕事がしたい！って私は思えなかった。仕事は諦めてはいない。またバリバリ働きたいって強く思う。でも，今じゃないって思いが私は強い。私みたいな考えの女性がいる事で，プラスやこだっちは何か思う事はある？　だから，女性が当たり前の権利を獲得して働きづらくなるんだよ！って思ったりするの？」

日本の社会では，必要に応じて母性思想が強調されてきました（Tokuhiro 2010）。例えば，明治政府による"良妻賢母"思想の普及や高度経済成長期における三歳児神話（子どもは三歳までは，常時家庭において母親の手で育てないと，子どものその後の成長に悪影響を及ぼす）の強調といった形で。"母性愛""母性本能""母性信仰""母性主義""母性原理"と言った様々な用語を通して，母性の観念は日本社会に普及しているといえるでしょう。こういった母性神話は未だに健在であり，母親の役割が過度に強調される中，女性の役割を規定し続けています。そういった女性の考えに「プラス」や「こだっち」が強い憤りを感じている様子が次の一連のコメントから分かります。

プラス 東京都 27 歳 女性 医師
「そう思う。悪いけど，だから変わらないんじゃないかと思う。ゆみも専業主婦やることに抵抗ないと言ってたけど，そういう女性もたくさんいる。だから変わらないのかな，とは正直思うよ。

子どもを実際育てたことないからだと言われてしまうかもしれないけど，私の

母親とも話したけど，やっぱり私と同意見。私の母親は小さい頃，フルタイムではないけれど働いていた。小さい頃，母親は不在なことが多くて確かに寂しい思いもしたけど，今となってはそんな母親を誇りに思う。尊敬する。これってやっぱり女性の話なんだよね。だから女性はどんな形にせよ，気になる話題。男性にはつまらないかもしれないが，職場の休み時間に話してて，いつも男性には，また実りのない話をしてるって言われる。答えが出ないから悩むのにね。悩んでることさえ理解されないのかな。でも？　だから？　最後は女性と女性同士の批判になってしまう気がする。」

こだっち 富山県 28歳 女性 製薬会社社員
　「うーん・・・別にまるの生き方を否定しようとかは全く思わない。でも子供が一心にママを求めるのはやっぱり本能というか，へえ，そういうものなんだって思う感じかな。でも思うのは，私たちの出産時期って，大抵はここ一番の働き盛りって時じゃない。昇進にも影響してくるだろうし，なによりも，かけがえのない仕事の醍醐味を味わう期間だとも思うんだ。まるは子供を育てる選択したけど，今の私たちはやっぱり，仕事にとってこんなにも大切な時期を，子育てで全て犠牲にはできない。生んでないからそう思うのかも知れないけどね。でもやっぱり，働きながら，子供も仕事も大事にできる仕組みは絶対にあるべきだと思うんだ。プラスみたいな職業だと，それこそ"子育ての為に自分の夢をあきらめた"ってことになりかねないしね。そんな結果って悲しいと思うし，成長した子供にとっても複雑な気持ちになると思うんだ。やっぱり，子育てと仕事の両方を支援する制度はもっとあるべきだと思う！だってこれは女性だけの問題じゃない。人類が全体で考え，支えていくべきテーマだと思う。」

　先に述べたように母性神話は未だに日本の社会で大きな影響力をもっています。日本における多くの既婚女性が，幼児は実の母親の手で育てたほうが良いという考えに同意しています。しかし，重要なのは「だれが」より，むしろ「どのように」子供が養育されるか，即ち，養育の質が問われるべきでしょう。さらに，「乳幼児が愛着を発達させる対象は，必ずしも母親とは限らないという点については，これまでの発達心理学の諸研究で十分に証明されている。愛着の対象となりうる要件としては，子供の成長について責任をもって援助しようとする愛情豊かな関わり方なのである。そこに母親と父親の絶対的な性差は見

いだされてはいない。」(大日向雅美氏 2000) という考えがあります。

・「問題」が可視化される瞬間
まる 埼玉県 27 歳 女性 (パート) 主婦
　「昨日，男と女の立場の違いを実感する出来事があった。昨日，仕事をしている最中に，子供たちが通う保育園から私の携帯に電話がかかってきた。ちょうど手が離せなくて，10 分後に折り返し電話を掛けたら，「娘が，お昼寝から起きたら熱が 38.4 度ありまして，迎えお願いします」って娘の担任の先生からの電話だった。ちょうど，仕事が終わった所だったから「すぐに迎えに行きます」と話しをして，ダッシュで保育園に向かった。 向かっている途中，旦那から電話があった。
旦那「保育園から着信があったんだけど，何かあった？」
私「娘が熱だって，今向かってるよ」
旦那「そっか～，頼むね！」だって。
そこで，聞いてみた。「ちなみに明日は仕事休みじゃないよね？ちなみに明日は仕事休めないよね？」って。
そしたら「休みじゃないし，休めるわけないだろ！俺はパートじゃないんだよ」だって。」
　「その時に，プラスの言ってたのはこれか～って思った。保育園から電話が掛かってきたのは，緊急連絡先の一番が，私だったからなのは納得してるんだけど，旦那の，その一言に女である母親が見るのが当然！俺は正社員だけど，まるちゃんはパートでしょ！俺に比べたら責任ないじゃんと言われた気分だった。家族の為に家事や育児をして，働くことを選択したのに，なんじゃそら！って思ったよ。」

　このコメントはこれまでメンバー間で繰り広げられたディスカッションを通して問題が可視化された瞬間を見事にとらえています。「まる」は自分が抱える問題は，個人的な問題ではないことに気付いたのです。まさに「personal is political」というように個人的な問題は政治的な問題なのです。
　「男は仕事，女は家庭」という性役割分業を当たり前のことという前提で，それぞれの役割を決めてしまうと，後に夫婦関係に深刻な亀裂をもたらすことがあります。お互いに納得した上でそれぞれの役割を決定することが重要だと考えた「まる」は，この後，働き方と家事育児分担について真剣に話し合ったと述べています。

まる 埼玉県 27 歳 女性（パート）主婦
　「まる家で，一日でどれだけ家事や育児をやっているのか書き出してみた。朝食の準備や掃除など，家事で 20 項目，育児で 26 項目，他にも緊急時のことなど諸々あった。これを主に私がやっている。旦那は自分の手が空いた時にやっている。これをもとに，私がフルタイムで働いたと仮定して，旦那が現状で家事や育児をどこまでやれるか，旦那に考えてもらった。」

　長い話し合いの後，「まる」がどうしても正社員としてフルタイムで働きたいなら「まる」の夫は，彼自身の働き方を変えるなど「何が一番家族のために良いことなのか，誠実に考えてくれようとしている」と述べています。

・変化
プラス 東京都 27 歳 女性 医師
　「ここから長いです。はっきり言って，長いです。でも読んでほしい。私の今の考えなの。このトピックが上がってからね，周りとこういう話を真剣にしたり，メンバーや視聴者の意見を聞いて，私の中で，何かが変わってきた気がするんだよね。私は最初仕事も家庭もなるべく完璧に近い姿でしていきたいと思っていたんだと思う。でも，今はそれが無理だと思ったよ。それこそ理想論なんだって。
　実際に育児をしているまるの大変さを聞いて，仕事を続けたくてもやむを得ず続けられないという人の話を聞いて，出産育児は大変だと知っているつもりだったけど，私が思うよりも更に大変なものだと感じた。まるにそんなの無理だ，と言われて，改めて思ったよ。子どもの気持ちをないがしろにしてないか？ってね，確かにそうだ。子どもの成長はその時しかないから，すごく大事だし，やっぱり私にとってきっと子どもは何よりも大切。そうやって親にも育てられてきたからね。
　その一方で，仕事に関しては理想を捨ててしまったら，家庭がうまくいかなくなったとき，家庭のせいにしてしまうかもしれないなって思ったんだ。そんなのもちろん言い訳にしか過ぎないんだけど，引っかかっちゃうと思うんだ。あのとき仕事を取ってたらなんて考えたくないし。それこそ子どももかわいそう。」
　「プラス」はさらに次のように続けています。
　「だからね，やっぱり両方とも何もかも出来る範囲でやっていきたい。結局，全部やるんじゃん！って言われそうだけど，そうじゃない。最初とは違う。周りに頼るとこは頼って，言い方悪いけど，中途半端にみられたっていいんじゃないか

なと。もちろん，子どもにとって，自分にとって，患者さんにとっては全力投球。そのときのベストを尽くせばいいかなと。仕事を取るときも家庭を取るときも，その時々でケースバイケースでさ。

　人生一回しかないんだから，後悔するのだけは，やっぱり絶対いや。振り返った時に，あの時そうしてよかったって思いたい。

　そしてもう一つ。トピックをあげたとき，正直，今の環境や社会は変わらないと思ってた。自分で働きやすい育児をしやすい環境を探して選んで行くつもりだった。でも，そんな受動的に考えているんじゃ，この環境は変わらない。文句言ってるだけじゃ，それこそ不公平自慢。私も逃げている。

　オニオン（23歳 男性 無職）に不公平自慢と言われて，何もわかってないじゃん，とイラッとした。でも言葉や行動で示さないと，ただ不満を言っているだけだと，男性は，社会は，取り合ってすらくれないんだと感じた。だからまずはちゃんと伝えなきゃって思った。」

▶ 4．おわりに

　先述のディスカッションは，女性の意識変革という観点から考察すると大変示唆に富んだものであると言えるでしょう。性役割分業を当たり前のことと考え，その役割を当然視してきた主婦「まる」が，メンバーとの会話を通して，それまでの「常識」に疑問を持つようになりました。その「気付き」が，彼女の意識を変えただけではなく，彼女の周りの人間（夫）の考えにまでも変化をもたらしたのです。

　「プラス」にも変化がみられました。彼女のように，まずは一人ひとりが何ができるのかを真剣に考え，それを行動に移していくことが重要です。なぜならば，このように各個人が真摯に考え，発言し，行動することで，一見不変と思われる「規範」に縛られた行動パターンを変えていくことが出来るからです。仕事か子育てかという二者択一的な選択をせざるを得ない現状から脱却するための大切な第一歩ともいえるでしょう。さらに，女性がライフステージの節目において自分の役割を主体的に選択していくことが求められます。「プラス」が「仕事に関しては理想を捨ててしまったら，家庭がうまくいかなくなったとき，家庭の

せいにしてしまうかもしれない」と述べていますが，少なくとも自らの意思に基づいて忠実になされた主体的な選択であれば後悔や葛藤は少ないでしょう。

　また，働く意味も変化しており「生活のためにお金を稼ぐ」ことだけが目的ではありません。特に高学歴化する女性が増える中で，自分の能力を生かしたいなど自己実現的な要素を求める人たちが多く見られます。すなわち，多くの女性にとって社会とのつながり，生活の中での自己成長といった精神面の充足は重要な要素となっているのです。

　個人レベルだけではなく，マクロな視点からみても女性の活用は喫緊の課題です。かつてない少子高齢化社会へ突入しようとしている中で，日本経済への深刻な影響が懸念されています。高齢者に対する社会保障負担は増え続けており，現役世代の負担は益々大きくなっています。このような中で，潜在的に眠っている女性の労働力を最大限に利用して経済社会の活力を維持することが求められています。この機会を女性の社会進出の追い風にできるかどうかは，女性自身の意識に直結した問題でもあるということを改めて認識する必要があるでしょう。

■引用・参考文献

NHK教育テレビ［Eテレ］「青春リアル」, http://www.nhk.or.jp/ss-real/ アクセス日時
　　:2012.12.03 11:30
大日向雅美（2000）『母性愛神話の罠』日本評論社
金谷千慧子（2011）『「働くこと」とジェンダー ビジネスの変容とキャリアの創造』明石書店
北九州市立男女共同参画センター"ムーブ"（編）（2004）『ジェンダー白書2 女性と労働』
　　明石書店
斎藤美奈子（2000）『モダンガール論 女の子には出世の道が二つある』マガジンハウス
白河桃子（2010）「誤解された「婚活」- 婚活ブームを検証する」山田昌弘編『「婚活」現
　　象の社会学 日本の配偶者選択のいま』東洋経済新報社 pp.161-185
Tokuhiro, Y. (2010) Marriage in Contemporary Japan. London: Routledge
波田あい子（1995）「女性の不安 ジェンダー・アイデンティティーの危機」井上輝子・上
　　野千鶴子・江原由美子編『日本のフェミニズム3 性役割』岩波書店 pp.152-178
本田一成（2010）『主婦パート 最大の非正規雇用』集英社新書
山田昌弘「警告！専業主婦は絶滅する」『文芸春秋』, 2001年2月号

第9章 学生の就職活動とライフ・デザイン

 自己確認,ライフ・デザイン,キャリア・デザイン

▶ 1. 就職活動をどのようにとらえるか

(1) 社会的視点から～「新規学卒一括採用」の功罪

　わが国では,毎年のように就職活動をめぐる問題がニュースとして大きく取り上げられるのは良く知られているところです。これらの多くは,大多数の日本企業が未だ,「新規学卒一括採用」という採用制度を維持していることに起因する諸問題にほかなりません。新規学卒一括採用とは,わかりやすくいえば,採用対象となる前年度に学業を修了し卒業する人を一時期に一括して採用する方法です。たとえば,2017年度採用者は,2016年度卒業者(正確には「卒業見込み者」)の中から企業で計画された人数を同時(多くは新年度が始まる4月1日)入社させるという方法です。

　このため,卒業後に企業で働こうとする学生は,在学中から就職活動を開始しなければなりません。3月に卒業し,翌月の4月からすぐに企業人になるのが,わが国では標準とされ,長くこの慣習が続いてきました。この標準からはずれて新卒時点で就職しない場合,その後に就職しようとした場合の採用選考で不利な立場に置かれることが多いからです。

　現在は,厚生労働省や文部科学省から経済界に対して,卒業後3年間は新卒と同じ扱いで採用選考を実施することが要請されていますが,実態は,やはり「新卒」だということが重視されています。

　これは,わが国企業の人材育成とその活用方法の在り方とも深い関係があります。これについての詳しい説明は他書に譲ることとして,ごく簡単に言うと,

わが国企業の人材育成の方法が企業内における独自の育成内容と方法を有しており，それによって自社の中で企業人として育てることを念頭に置いているからです。新卒採用の理由として，「企業の伝統・文化を共有し，将来の企業を担うコア人材の確保」という要因は依然として今日においても続いています。これは，社会人経験のない柔軟な頭でその企業の独自性を吸収できる新卒が適していると考えられているからと思われます。

　こうした理由で，在学中からある時期を境に，学生の就職活動はほぼ一斉に始められます。この実態を欧米の一般の人々に話すと，たいていの場合はたいへん驚かれます。日本では当たり前のように思っている在学中からの就職活動も，学生から企業人への移行のタイミングも，実は欧米ではあたりまえの学生の姿ではないからです。

　他方，企業の採用計画は，企業経営を取り巻くさまざまな環境に大きく影響されます。一般には，事業が拡大している時には採用数も多くなり，低迷あるいは縮小している場合の採用数は少ないか，最悪の場合，その年は採用を見送るということもあります。さらに，企業の採用活動は，企業が採用したい人数と新たに就職を希望する新卒者の人数とのバランスにも影響されています。いわゆる「売り手市場」，「買い手市場」という状況はこのバランスに当てはめて言われることです。

(2) 大学の就職活動支援という視点から

　わが国のこうした採用の仕組みによって，今や大学は，卒業後にきちんと就職できるか，どんな企業に就職できるか，就職に関する支援体制が整っているかなど，本来の学業とは別に，「就職」あるいは「就職活動」という視点にも社会的評価の重点を置かれています。

　古くから多くの大学，特に私立大学では，学生の就職支援が行われてきました。企業への求人票依頼，学生の新たな就職先開拓，学生への就職情報提供などです。近年では，そうした就職に直接つながる支援に加えて，学生の具体的な就職活動そのものへの支援も活発になってきました。たとえば，履歴書の書き方指導，エントリーシートの添削，就職模擬試験の実施を始め，さまざまな採用方法に合わせて効果的な活動の仕方，何次にもわたる採用試験を通過するためのノウハウやその準備の方法などを具体的に取り上げ，個別支援までしています。これらの具体的な就職活動のための準備の支援は，主に3年次から取

り組まれ,その年の後半ごろ(平成28年度卒業生については,公的には3月1日)からは現実の就職活動が始まります。

　ただし,このタイミングで始められる支援は,あくまでも実際の就職活動に合わせた具体的な支援内容であって,その土台をつくるキャリア教育は,これに先立って始められなければなりません。なぜなら,キャリア教育で自己を見つめ,自己と真剣に向き合った結果として,初めて志望業界や志望職種あるいは志望企業が絞られてきますし,さらにいえば,その過程がなければ卒業後のキャリア・デザインはできないからです。

　先に述べたように,企業の採用計画は,その経営環境に大きく影響を受けます。わが国経済は,その成熟度から今やかつてのような大幅な成長は見込めなくなったのが現実です。さらに,さまざまな仕事が技術の進歩によって省力化され,産業構造は労働集約型から知識集約型へと移行してきました。これらの現実に合わせて,企業の採用方針も少数精鋭,つまり自社が本当に必要としている能力の持ち主を厳選して採用するという採用方針になってきています。このために大学は,学生のキャリア教育と就職活動支援にますます力を入れる必要性に迫られているのです。

(3) 大学生の実態～やりたいことがわからない学生

　それでは,就職活動の当事者である大学生の就職活動に臨む実態はどうでしょうか。先に,大学の具体的な就職活動についての支援は,多くの場合,実際の就職活動が始まる前の3年次から実施されると述べました。後により詳しく述べますが,実際の就職活動を想定した具体的な支援をするためには,その土台となる準備が必要です。つまり,職業に就く,社会で働くという行為の前に,自分自身がどのように社会と関わって生きていくかを深く考えることで,志望する職業や働き方を選別し,選択するための体験や知識が必要となるのです。

　現代の多くの若者は,高校生までの間には与えられた課題の正解を求める教育をされています。情報収集はもっぱらインターネット経由で行われ,正解を求めるために極めて短時間に多くの情報を集めることを非常に容易にこなします。しかし,その情報のなかから本当に自分の求めるものを絞り込み,それらを自分自身の考えの裏付けにして自分の意見を生み出す,自分の生き方を探していく訓練はあまりなされていないように思えます。

　その一つの例をお話ししましょう。筆者がキャリア形成のために大学2年次

7月に実施したキャリア・セミナーで，就職活動を終えた先輩の話を聞いた後，その時点で自分の就職活動を想像して不安なこと，心配なことを受講生に記録してもらいました。そこでの記述には，「就職できるかどうかが心配」「就職活動について，何も知らない（あるいは想像がつかない）ことが不安」という就職そのものに関する不安のほかに，「自分が何に興味があるのかわからない」，「やりたい仕事，好きなことがはっきりしない」など，就職活動以前に自己の問題として自分自身についての不安が多く寄せられました。

　これらの学生は，決して自分自身の将来に無関心なのではありません。むしろ，このセミナーでごく年齢の近い先輩の就職活動の様子を聴き，自分にとっての就職ももう目の前の問題であるということが実感できたからこそ，不安や危機感がわいてきたのです。しかし，その事態に直面したとき，いったい自分は何をしたいのか，社会とどうかかわっていきたいのかを自分自身で確認しなければ，志望企業さえも決められないということがわかったのです。今や大学全入時代になり，より多くの大学生が，自分の将来像を描かないまま大学生活を送ることも少なくないのが実態です。こうした大学生が就職活動を通じて自分自身の人生をどのように考えていけばいいのか考えてみたいと思います。

▶ 2．就職活動の実際とその準備

　ここでは，実際の採用選考で用いられる選考方法をとりあげながら，各選考段階を通過するために必要な準備とそのタイミングをみていきます。なお，準備のタイミングは，図表9－1で紹介する平成28年度卒業生の就職活動スケジュールに合わせています。これは，企業の採用広報活動の開始（いわゆる「就活解禁日」）を，政府の要請に沿って経団連が「採用選考に関する指針」で示した3月1日に合わせたスケジュールを基本としつつ，筆者が学生の就職活動支援を行ってきたうえで情報収集したり体験してきたりした実際の企業の動きを加えて作成したものです。大学生活の部分は，大学の3，4年次のスケジュールをもとにしています。企業の動きのスケジュールが大幅に変更になると学生の活動内容の詳細なタイミングもずれてきますが，大まかなタイミングはあまり影響を受けないというのが筆者の考えです。そのことについては，後述します。

第9章 学生の就職活動とライフ・デザイン

図表9−1　標準的就職活動スケジュール
（経団連「採用選考に関する指針」に基づいた場合）

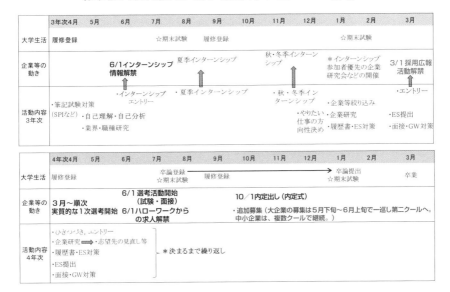

(1) 採用選考で行われること

　採用選考には，大きく分けて書類選考，筆記試験，面接の3種類の方法がとられます。どの選考方法をどういった段階で用いるか，内容はどんなものかについての詳細は企業によって異なります。筆記試験がない企業もありますが，筆記試験が苦手だからと避けて志望企業を絞ろうとすると，おのずと対象企業の数は限られてしまいます。書類選考と面接は必ず実施されます。

　書類選考では，履歴書やエントリーシートが一般的に用いられます。履歴書は，過去から現在までに，その人がどんなことをしてきたかを知るものです。一方，エントリーシートは，その人が，現在どんな考えをもっていて，この先どうなっていきたいかを知るものです。現在の考えや将来の希望は，過去の体験に影響されていることが多いので，そういった意味で過去に体験したこと，そこから得たもの，今後への役立て方から志望企業への貢献意欲まで，エントリーシートで問われることは多岐にわたります。企業はこの両方の書類を使ってまずは応募者の全体像をみようとしています。

　多くの場合，書類選考が選考段階の第一段階で行われます。2種類の書類の

もつ性格から、履歴書は過去の事柄なので、基本的には内容に変更はないはずです。したがって、多くの場合記載内容は決まっており、定型の履歴書用紙に記入するのが一般的です。それに対して、エントリーシートは各社が独自の内容を用意して、さまざまな角度から応募者を知ろうとしています。

エントリーシートの内容でよく聞かれるのは、志望動機、自己PR、学生時代に最も力を入れたこと、の3点と言われてきましたが、最近では多様化の傾向が見られます。「これまでに経験した大きな挫折とその克服について」「あなたがわが社に貢献できること」「これまでで最も影響をうけた言葉」「あなたを表現するキーワード」等々、文章だけではなく、図表や写真、イラストなどを使って表現させるものもあります。質問に対する答えの内容を自分の将来にどのようにつなげ、自分がどういった社会人になっていきたいかを伝えられる文章力や相手に関心をもって読んでもらう工夫も必要です。

面接試験は、集団面接（グループ面接）と個別面接（応募者1名につき面接者複数、あるいは1名）があります。面接での質問内容は、エントリーシートの内容をさらに掘り下げて聞くものを含め各社独自のものですが、その趣旨は、書類よりもより深く、広くまた細かく応募者を知ること、「自社が求める能力を持っているか、あるいはそうした能力が育つ潜在能力があるか」、「一緒に働きたいと思う仲間になれるか」などを見ているといわれています。

さらに、最近ではグループワークやグループディスカッションを用いて、応募者の小集団での能力発揮の一面や、コミュニケーション能力を含む対人能力、課題解決能力、プレゼンテーション能力などをみようとする方法も多くの企業で用いられています。

(2) インターンシップの役割の変化

具体的な活動内容については、図表1に記したとおりです。注意したいのは、平成27年度卒業生から、いわゆる就職活動解禁が前年までの3年次12月から3月へとずれこんだことから、解禁から内定が出されるまでの期間が4か月短くなったことにより、短期間で優秀な学生を選別し確保しようとする企業側が、インターンシップを重視するようになったことです。これにあわせて、インターンシップ募集情報の3年次6月解禁前から就職活動を意識し準備をしておくことが学生に要求される傾向が強まってきました。インターンシップ応募者が多い企業では、一定期間の応募の中から抽選で受け入れ学生を絞る方法をとる場

合もありますが，より本番の採用選考につながるようなエントリーシートや履歴書の提出をインターンシップのエントリー時点から要求し，さらに面接まで行うこともあるからです。インターンシップの本来の役割は職場体験ですが，こうした企業の場合は，実質的にインターンシップ受け入れ時に，一定の採用候補者を選別し，他社が採用活動を本格化する前に人材確保の目途を立てようという思惑も見られます。つまり，学生側はインターンシップへのエントリーの時点で本番のエントリーシートを作成する場合と同じような質問にこたえられる準備をしておく必要に迫られています。

（3）準備段階で一番大切な事

　ここまでには，採用選考を通過するためのいわゆるテクニックについて説明してきました。しかし，そうしたテクニックを身につけていれば必ず選考を通過するわけではありません。そのようなテクニックも，就職活動を始める前の一番大切な準備に裏付けられたものでなければ，本当の自分自身の自己表現形にはならないからです。

　最終的に自らが納得できる内定を得たと学生が思えるのは，企業と個人の適切なマッチングが成立したときです。そのためには，自分が求めるものと企業が求めるものが一致していることが条件でしょう。「自分の求めるものは何か」，「自分はどのように生きていきたいか」は，その人の価値観にかかわることです。先に「やりたいことがわからない」という大学2年次の不安を紹介しました。就職活動を始める前にこの不安を取り除く準備が，その後の活動をスムーズにすることがこれまでの筆者が行ってきた就職活動支援で明らかになっています。

　就職活動といえば，社会を形成しているさまざまな「仕事」について知ることも有効ですが，それに先立ち，まず自分自身を冷静に見つめ，自分自身と向き合い理解することが最も優先して取り組むべき準備です。自分の価値観を明確にし，大事にしたいもの，それを追求するためのこれからの生き方を確かめるのです。そして，その希望をかなえるために，今の自分に「できること」と「できないこと」をはっきりさせ，「できないこと」を補うには，何をしていけばいいかを自分なりに確かめ，そのための計画を立てる。この自己確認，自己理解に自分自身で取り組むと同時に，時には家族や友人など，比較的日常的に接点のある関係者からも自分を評価してもらうことも必要でしょう。また，大

学のキャリアセンターなどで，カウンセリングをうけてみるのもいいでしょう。

　気をつけなければならないのは，こうして得られた自分の過去と現在の姿は，未来につながっているということです。過去と現在から得られた自分を未来に向かって再統合し，自分がどのように人生を送っていきたいかの方向付けをする必要があります。こうした理由から，自己確認，自己理解は自分自身の過去と現在との分析と統合を伴う行為であることがわかります。その意味では，先に述べたように，企業の採用活動スケジュールがずれたとしても，学生本人の就職活動における自己確認，自己理解のタイミングにはあまり大きな影響があるとは思えません。価値観や生き方に関する考え方は，大学生活を通じて，感じ，考え，時には他者や環境との関係性から得られ，また変化もしていくものだからです。

▶ 3. ライフ・デザイン，キャリア・デザインの重要性

(1) 就職活動を終えた学生の感想
　毎年無事内定を得て就職活動を終えた学生に，「あなたにとっての就職活動とは何だったか」と質問します。卒業後に働く場を見つけるための活動であることには間違いはありませんが，多くの学生が「自分自身を知る機会」，「自分について考える機会」だったと答えます。選考を受けている企業からの質問は，その形式や表現はちがっても，結局，自分自身と真剣に向き合い，自分で考え出したオリジナルの答でなければ選考を通過しないことをこの学生たちは実感しています。そこには，「企業に合わせた自分」を作り上げていくのではなく，「正直に表現された自分を見てくれる企業」で働くことが納得できる就職につながるという体験的な実感があります。この関係が出来上がったところに，企業と個人のマッチングが成功するのではないでしょうか。では，そうしたマッチングが成立するために就職活動するうえで考慮することは何でしょうか。

(2) ライフ・デザインの中軸としてのキャリア・デザイン
①学生時代にこそ必要なライフ・デザイン
　「ライフ・デザイン」という言葉は，実生活ではさまざまな使い方をされているようです。直訳すると「人生設計」とか「生涯生活設計」とも言われてい

ます。ただし，単に「生活設計」という用語が用いられる場合，その多くは生涯の生活経済的設計—ファイナンシャルな面の生活設計—に関するものが多く見られます。しかし，ライフ・デザインを「人生設計」ととらえるならば，経済的側面のみにとどまる意味ではなくなります。私たちはお金だけで生きているわけではないという意見に反対する人はいないでしょう。

「自分の人生をどのように生きていきたいか，生活していきたいかという目標を立て，そうなるために何をどのくらいの期間で，どのように，またどんな順番で行っていくかを考え，実行に移していく道しるべを立てていく。これらの活動とその結果」（田中 2014）がライフ・デザインといえるでしょう。このような概念からは，人の一生を通じての生き方の設計図を描くことがライフ・デザインであり，一般的に多く用いられる老年期以降の生活設計や老後の過ごし方といった限られた期間に関してのみの概念ではないということがわかります。もちろん，私たちは働くことによって，まずは生きていくためのお金を手に入れなければなりません。したがって，働く機会を失う老後の生活計画が，ライフ・デザインではクローズアップされる傾向があります。しかし，「働く」ことで社会と関わることが問題となるのは，職業生活の終了にさしかかる年代だけではないはずです。もっと言えば，働くことの入り口に立つ学生にこそ必要な考えではないでしょうか。

さらにいえば，現代生活を取り巻くさまざまな環境変化の急激性と人々の価値観の多様化は，私たち日本人の生涯の過ごし方にも影響してきました。つまり，多くの人が大体同じような生涯を送る，という標準的なモデルが得られにくくなってきたのです。現在大学生か入社して間もない人々の親の時代は，雇用されて働くひとの家庭では，多くの場合働く夫と無業の妻からなる専業主婦家庭が多い時代でした。妻が再び働き出したとしても，それは子育てが一段落した後，一般には正規従業員（正社員）よりも個人の都合に合わせて融通がききやすい非正規従業員（パート，アルバイト等）という勤務形態をとる女性が，正規従業員として働き続ける場合よりも圧倒的に多い時代です。

つまり，そのような標準的モデルあるいは一般像が描ける時代でした。ところが，今や先に述べたような理由から，親世代の生き方がそのまま参考にできない時代になりました。自分自身のオリジナルの生涯設計を自分で描かなくてはならないのです。特に女性については，変化が大きいでしょう。自分の母親が専業主婦か，あるいは自分が小学校高学年か中学生になってから，再びパー

トで働くようになったという人が多いのが，今の大学生前後の実態です。今，多くの女子大学生は，将来の仕事生活と家庭生活（特に子育て）との両立について，想像がつきにくく，かえって不安をもっています。また，それを少しでも軽減しようと，学生時代から両立家庭で過ごし，実態を見聞きして，自分の将来に役立てようと，そうしたプログラムに参加する学生もいるほどです[1]。この意味でも，社会人になるのを機に生涯を遠くまで見渡して，自分の生涯設計をしてみることは，非常に重要だといえます。

②キャリア・デザインはなぜ必要か

他方では，キャリア・デザインという考え方が近年用いられるようになってきました。ライフ・デザインは，個人の人生そのものの在り方の設計図のようなものと考えられますが，キャリア・デザインはどうでしょうか。ここでは，まずキャリア・デザインをとりあげる前に「キャリア」という言葉がもつ意味を整理してみましょう。

益田（2011）は「『キャリア（career）』という言葉は，幅広い意味を持ちながらその意味の説明なしに使われることが多い。」と指摘していますが，キャリア研究で知られる D.T. ホール（D.T.Hall）によるキャリアの定義の整理を引用して図表9−2のように示しています。

筆者が授業やセミナーなどで大学生（3年次前期）に「キャリア」という言葉の意味もしくは持っているイメージを尋ねると，多くの学生が「地位・出世」あるいは「職業経験」に分類される意味をイメージしています。

しかし他方で，主に心理学の分野で研究が進んできたキャリア発達の理論から，現在では生涯を通じての「役割経験」とする見方も徐々に広まってきました。この意味でキャリアをとらえ，キャリアは誰でも生涯持ち続け，かつ発達し続けるものとして「ライフ・キャリア」という考え方が近年広がってきました。

この考え方を用いると，キャリア・デザインはライフ・デザインの一部概念，それも大半を占める部分であり（図表9−3），デザインの変更に大きく影響されるものと考えられます。この感覚は，ライフ・デザインの主要素であるライフステージ（人生における場面）の変化に対応する時，非常に重要なカギになります。なぜなら，次のような例が多くあげられる

---

1 「読売新聞」2015年11月17日，Women & Work 掲載記事より。

図表9-2 キャリアの定義の整理

キーワード	定義の種類	説明
地位・出世	昇進・昇格 (advancement) の累積としてのキャリア	組織階層のなかでのタテの昇進や昇格を繰り返し、次第に高い地位を得ていく一連のプロセスをさす
専門職業	専門職業 (profession) としてのキャリア	法律家や医師、学者、牧師など高度な専門職に従事する人々をさす
職業経験	生涯を通じた一連の仕事としてのキャリア	ある人の生涯を通じた一連の職業経験としてのキャリアをさす。この意味づけからは、何らかの仕事の経験を持った人はすべてその固有のキャリアをもつことになる
役割経験	生涯を通じた様々な役割経験としてのキャリア	生涯を通じた様々な役割経験としてのキャリア。この意味づけからは、職業経験の有無にかかわらず、すべての人は固有のキャリアをもつことになる

出典：益田（2001）p.17

からです。

　筆者は女性の継続就業支援の一環として、産育休明けに職場復帰する女性やいわゆる「小1の壁」[2]を迎える女性達から仕事と子育ての両立についての不安や悩みをきき、それを乗り越えるためのサポートを行っています。そこで聞かれる悩みや不安の大多数は、「出産する前と同じ状態に戻れるかどうか」ということに集約されます。「残業ができなくて仕事のやりくりができるか」「職場に迷惑をかけないか」「急な子どもの病気の時に、どうすればいいか」「時短をとると人事評価に不利にならないか」「夫が子育てをサポートしてくれそうにない（一人でやりきれるか）。仕事との両立が本当にできるか」等が必ず出てくる不安事項です。

　子どもを持つということは、ライフステージが変化するということです。つ

---

2 「小1の壁」とは、子どもの小学校入学を機に親と子どもが遭遇する生活時間の変化によって発生する様々な問題を指しています。主要なものは、放課後や夏・冬・春の長期休暇中の子どもの居場所確保や、子どもの体力の問題で起こる心身不調への対応などです。どの家庭にも起こりうる問題ですが、共働き家庭においては、子どもの居場所確保の問題が特にクローズアップされます。

図表9-3　ライフ・デザインとキャリア・デザインの関係イメージ

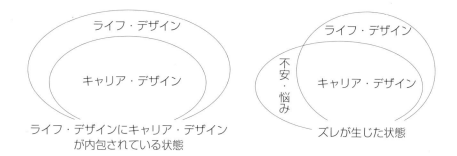

まり，変化したライフステージで自分が果たす役割，すなわちキャリアも変化するのです。それにもかかわらず，こうした不安を抱える女性たちの多くがキャリアは子どもを持つ前と同じでなければならないと考えて，出産前と同じ状態に復帰しなければならないと思い込んでいるのです。多くの場合，ライフステージの変化は比較的容易にライフ・デザインに織り込むことができます。

　なぜなら，ライフステージは自分で選ぶことができるからです。それにもかかわらず，同じライフ・デザインに内包されるキャリアのデザインを変更しないがために，ライフ・デザインとキャリア・デザインの間にズレがおきてしまうのです。あるいは，キャリア・デザインを描いていないと，キャリアの変化のタイミングに気づくことができず，キャリアは変わらないものと思い込んでいる場合も同じズレが生じます。

　はじめて社会人になるとき，ライフ・デザインとキャリア・デザインのこの関係を知っていれば，こうした悩みや不安は深刻にならずにすむのではないかとおもいます。2016年4月から女性活躍推進法が施行されるました。今後，わが国では男女共同参画社会の実現により一層近づいていくことが期待されます。また，昨今「イクメン」，「イクジィ」という言葉が取り上げられ，あるいは家族で支えなければならない介護問題にみるように，男性も家庭生活と仕事の両方にかかわることがこれまで以上に増えることは間違いないでしょう。男性たち自身も若い世代を中心に共働き両立家庭を積極的に受け入れるようになり，また介護問題においては既に男性も仕事との両立の難しさを経験してきたことから，先に紹介した女性たちの例は，決して男性に無縁とは言えない事態